LIVRE
COMO
UMA
DEUSA
GREGA

Dados Internacionais de Catalogação na Publicação (CIP)
(Câmara Brasileira do Livro, SP, Brasil)

Chantal, Laure de
    Livre como uma deusa grega : na mitologia, o melhor
da humanidade é a mulher / Laure de Chantal ; tradução de
Rosemary Costhek Abilio. – Petrópolis, RJ : Vozes, 2024.

    Título original: Libre comme une déesse grecque
    ISBN 978-85-326-6636-9

    1. Autoajuda 2. Deusas gregas 3. Feminismo
4. Mitologia grega I. Título.

23-182583   CDD-158.1

Índices para catálogo sistemático:
1. Autoajuda : Psicologia aplicada   158.1

Eliane de Freitas Leite – Bibliotecária – CRB 8/8415

LAURE DE CHANTAL

LIVRE COMO UMA DEUSA GREGA

 Na mitologia, o melhor da humanidade é a mulher

Tradução de Rosemary Costhek Abílio

— VOZES —
NOBILIS

© Editions Stock, 2022.

Tradução do original em francês intitulado *Libre comme une déesse grecque*.

Direitos de publicação em língua portuguesa – Brasil:
2024, Editora Vozes Ltda.
Rua Frei Luís, 100
25689-900 Petrópolis, RJ
www.vozes.com.br
Brasil

CONSELHO EDITORIAL

Diretor
Volney J. Berkenbrock

Editores
Aline dos Santos Carneiro
Edrian Josué Pasini
Marilac Loraine Oleniki
Welder Lancieri Marchini

Conselheiros
Elói Dionísio Piva
Francisco Morás
Gilberto Gonçalves Garcia
Ludovico Garmus
Teobaldo Heidemann

Secretário executivo
Leonardo A.R.T. dos Santos

PRODUÇÃO EDITORIAL

Aline L.R. de Barros
Marcelo Telles
Mirela de Oliveira
Otaviano M. Cunha
Rafael de Oliveira
Samuel Rezende
Vanessa Luz
Verônica M. Guedes

Conselho de projetos editoriais
Isabelle Theodora R.S. Martins
Luísa Ramos M. Lorenzi
Natália França
Priscilla A.F. Alves

Diagramação: Nathália Figueiredo
Revisão gráfica: Luciana Quintão de Moraes
Capa: Nathália Figueiredo
Foto da autora: © Philippe Matsas

ISBN 978-85-326-6636-9 (Brasil)
ISBN 978-2-2340-9061-3 (França)

Este livro foi composto e impresso pela Editora Vozes Ltda.

Para Astrid e Aksel

"O povo que deu para a
inteligência o semblante de Atena,
para a coragem e a fidelidade o
de Antígona, para a visão profética
o da Cassandra de Ésquilo não
menosprezou a mulher."

Marguerite Yourcenar,
Prefácio de *La Couronne et la Lyre*,
Paris, Poésie/Gallimard, 1984

SUMÁRIO

INTRODUÇÃO

Marguerite Yourcenar, Jacqueline de Romilly: as duas primeiras mulheres a abrirem seu caminho até a Academia Francesa portaram altaneiro o estandarte das letras gregas e latinas. Muito antes delas, a instigadora do movimento feminista na França quis morar simbolicamente junto das deusas gregas ao escolher como prenome Olympe, Olympe de Gouges[1]. Entre o feminismo e a mitologia existe uma ligação particular, uma evidência que entretanto a tradição invisibilizou.

Pertenço a uma geração em que os avanços – numerosos, principalmente na superfície – são continuamente solapados pela sede insaciável de dominação masculina. Assim sendo, aprendi que os mitos eram "histórias de comadres" (expressão deturpada de Platão) que só alcançavam alguma grandeza se empunhadas por artistas extraordinários ou agarradas pelos cabelos por psicanalistas fabulosos. Quanto a suas heroínas, elas exploravam

---

1. Pseudônimo de Marie Gouze (1748-1793, na guilhotina), dramaturga, ativista política, feminista, autora principalmente de Declaração dos direitos da mulher e da cidadã [N.T.].

briosamente dois papéis, dois arquétipos: a vítima e a venenosa. Assim apresentada, a mitologia só pode parecer obsoleta e, pior ainda, decepcionante e deletéria.

Entretanto, olhando-os no espelho límpido de suas fontes próprias, os mitos nos oferecem uma imagem muito diferente. Ao contrário da invisibilidade feminina, na mitologia todas as mulheres resplandecem: livres, poderosas, atuantes, eficientes, essenciais, não só fazem o mundo funcionar como também o guiam para a cultura e a civilização.

Ao contrário dos clichês que, para tranquilizar a consciência ou aumentar os avanços, pretendem que os deuses da Antiguidade sejam estupradores e suas mulheres sejam vítimas, desavergonhadas ou manipuladoras, a mitologia nos mostra figuras femininas grandiosas, ao lado das quais deuses e heróis frequentemente parecem muito pequenos. Há Atena, é claro, deusa da sabedoria e dos combates, mas não só ela. Sem Métis, a deusa da inteligência eficiente, Zeus não conseguiria governar. Também são entidades femininas – Tique, o Destino, ou Têmis, a Justiça – que lhe indicam o caminho a seguir, enquanto as Moiras tecem o destino de cada ser humano, sempre lhe deixando uma parcela de liberdade. Quanto aos heróis e heroínas, em todas as provas esportivas Atalanta deixa muito para trás os campeões vindos de toda a Grécia; Ariadne derrota o labirinto com um simples fio. Há tantas divindades femininas gloriosas que na Antiguidade um livro inteiro foi dedicado a elas: o *Catálogo das mulheres,* atribuído ao poeta grego Hesíodo, narrando em ordem genealógica os feitos das deusas e das heroínas. Não sabemos se por acaso ou propositadamente, fato é que desnecessariamente esse poema se perdeu e subsistem apenas alguns fragmentos, coletados e organizados pela paciência e ciência dos filólogos.

Embora desse texto só possamos entrever o fantasma, resta uma grande quantidade de páginas maravilhosas de Homero, Virgílio, Ovídio mostrando-nos o poder e a liberdade daquelas mulheres míticas, sem por isso rebaixar o outro sexo. A glória das mulheres não se constrói sobre a derrota dos homens; essa é outra lição presente já na mitologia; e lamento que as palavras "misoginia", ódio à mulher, e sua triste companheira, "misandria", ódio ao homem, tenham sido criadas a partir de raízes gregas, no século XIX, século que na França fez muito bem para a literatura e muito mal para a condição feminina. Infelizmente, o modo como recebemos e transmitimos a mitologia ainda está marcado por esse século. Fala de mulheres mártires, infelizes, sofredoras ou, ao contrário, de mulheres fatais, perigosas, das quais um rapaz precisa manter distância ou que uma garota não deve absolutamente imitar. Ainda hoje, de modo mais ou menos sutil, esses clichês infelizmente estão enraizados em nossas memórias. A eles somou-se um novo, inquietante e desresponsabilizador: denunciar deuses violadores, o que, nivelando por baixo, realça que os homens de hoje se comportam, em média, melhor que os deuses de ontem. O crime seria velho como o mundo, inelutável, e isso bastaria para desculpar sua gravidade.

A leitura dos mitos que proponho neste livro, se me parece uma evidência, não é acadêmica; em todo caso, não é convencional. Vocês não a encontrarão nos anfiteatros das universidades onde são ditos tantos belos e bons saberes. O propósito deste livro é narrar a mitologia de modo diferente, a fim de alimentar nossa reflexão sobre a emancipação e a igualdade femininas. No início deste século, Margaret Atwood divertiu-se escrevendo a *Odisseia* do ponto de vista de Penélope, mas toda a mitologia poderia ser relatada desse modo: basta "virar a câmera" e pôr no centro da história não mais um herói e sim uma heroína. Não pretendo ter razão, primeiramente porque é preciso sempre deixar os outros terem razão, porque isso os consola quando eles não têm outra coisa, como formula André Gide com sabedoria e sagacidade. Em segundo lugar, os mitos têm como característica – e é o que lhes garante seu poder de transmissão – ser proteiformes e proliferantes. Se subsistiram até nós, se continuam a nos falar, é justamente porque oferecem a possibilidade de estar sintonizados com a época, seja ela qual for. Assim Botticelli, Shakespeare, Racine, Pasolini, Anouilh podem apossar-se dessas histórias para adaptá-las a seu gosto pessoal e ao da época. Aliás, para fazer isso não é necessário ser um gênio da literatura ou da pintura: todo ano o cinema e as livrarias nos apresentam leituras da mitologia, neste momento em forma de super-heróis, em histórias em quadrinhos, livros, filmes, séries, desenhos animados. As marcas se valem alegremente das proezas e feitos das deusas gregas, às vezes com malícia: Atena, a deusa dita "virgem", exibiria seu sorriso enigmático ao saber que, graças a dois empresários de Cévennes, ela protege e acaricia a virilidade dos homens desde 1944, pois dá nome a uma marca de roupas íntimas masculinas. Cada época tem sua maneira de incorporar, de fazer sua a mitologia e de transmiti-la, sem que por isso as outras leituras desapareçam. A nossa está impregnada da tradição clássica, majoritariamente para o melhor mas também, de tempos em tempos, para o pior. Os que hoje conhecem Antígona, Ifigênia ou Ariadne conhecem as de Anouilh ou de Racine, que são muito diferentes das da Antiguidade e talvez menos pertinentes para nós, que procuramos figuras da feminidade livres – e não somente emancipadas. E, se há realmente um ponto comum a todas as figuras da mitologia que escolhi neste livro, é a liberdade: de escolha, de fala, de atos, de tudo o que as anima. Essa liberdade, inata e imortal para deusas, para nós ainda está para ser conquistada.

Nem todas são anjos, longe disso: algumas são mais antimodelos do que modelos; mas uma das grandes virtudes da Antiguidade é convidar-nos a pensar fora da dualidade bem-mal, a não admirar nem buscar apenas o *happy end* e as *success stories*. As mulheres da mitologia, divinas ou mortais, nos libertam dos estereótipos simplistas. São desnorteantes, complexas, manhosas, terríficas e benfazejas, como todos podemos ser em diferentes momentos de nossa vida. Por isso seria aberrante querer apresentá-las de acordo com categorias tradicionais – "moça", "esposa", "mãe" – que elas jubilosamente fazem voar em pedaços e cujo absurdo nos evidenciam. Essas categorias não só não são pertinentes em vista da riqueza e profundidade das mulheres da mitologia, mas também lhes causariam vergonha: guerreiras, lutadoras, eruditas, como reduzi-las a um episódio da vida? Rainhas ou escravas, magas, aventureiras, mulheres-plantas e mulheres-pássaros divinas, monstruosas e maravilhosas, elas têm muito a nos ensinar e a nos fazer entender. Deixemos aos Césares de todo tipo o que é dos Césares e devolvamos às deusas o que lhes pertence!

I

AS CRIADORAS

Se tivesse de pintar a gênese do mundo de acordo com o panteão grego, Michelangelo teria trocado barbas e outros atributos viris por formas femininas.

De fato, na origem não só do mundo mas também das artes, das ciências e da vida, a mitologia nos apresenta não criadores e sim criadoras, livres e libertadoras, abundantes, poderosas e terríveis.

GAIA, A PRIMEIRA

Deusa da Terra
Filha de ninguém
Mãe de tudo
Gaia para os gregos
e Telo para os romanos

Se algum dia eu tiver a sorte de me tornar avó, pedirei para ser chamada de Gaia. Não "vovó" nem "vó", "vozinha" nem algum apelido esnobe ou bonitinho.

Quem é Gaia? Gaia, "Terra" em grego, é a primeira divindade do mundo, muito anterior a Zeus ou Hera, muito anterior a todos os deuses. Gaia vem da noite dos tempos e mesmo de antes, pois o tempo então não existia. Na cosmogonia grega – ou pelo menos em uma das cosmogonias, porque os gregos têm a inteligência de pensar que várias teorias da criação do mundo são possíveis –, Gaia é a primeira divindade a sair do caos, uma hiância inicial assexuada, talvez nem sequer viva, pois expressa mais um movimento do que um ser. Algo se abre, se move e subitamente surge Gaia, a "Terra, de largos flancos, base segura oferecida para sempre a todos os seres vivos", que nasce com o desejo e a vontade de viver, *éros* "que doma o coração e a vontade sábia", segundo o poeta grego Hesíodo.

O que faz Gaia menina, sozinha e desejante na imensidão da noite negra, vazia de vida e de estrelas? Ela cria.

Cria o céu estrelado para cobri-la inteira e servir de refúgio para os deuses. Na mitologia, o princípio masculino é uma emanação do princípio feminino e criador: é Adão que sai da costela de Eva. Depois, cria as montanhas e o mar, antes de decidir unir-se ao Céu, Urano, "com a ajuda do terno Amor". Assim, depois de fazer sozinha uma série de bebês, Gaia se lança no amor a três. Dos amplexos do Céu e das carícias do terno Amor, põe no mundo os titãs, dos quais os mais célebres são Memória (*Mnemosyne*). Lua (Febe) e Cronos. Depois vêm criaturas cada vez mais violentas, todas masculinas, os ciclopes e os cem-braços (hecatônquiros). Urano detesta tanto seus filhos que não quer vê-los e obriga Gaia a guardá-los dentro dela, provocando assim seu furor.

Nunca foi bom encolerizar uma esposa, *a fortiori* quando tem a seu favor o poder criador. Ligada a contragosto ao importuno Urano, sempre colado a ela, Gaia não se resigna. Cria "um estratagema pérfido e cruel", especifica Hesíodo, e simultaneamente o instrumento que vai lhe servir para executá-lo. Forma a primeira arma, um podão cortante, e depois dirige-se assim a sua prole sequestrada: "Filhos vindos de mim e de um louco, se acreditardes em mim, castigaremos o ultraje de um pai, mesmo sendo vosso pai, porque ele foi o primeiro a conceber obras infames".

E todos seus filhos gigantescos e valentões silenciaram, tomados de terror e respeito pela mãe. O mais jovem dos titãs, Cronos, aceita a missão. Gaia lhe entrega a foice afiada.

Quando vai caindo a noite, o grande Céu, ávido de amor, aproxima-se de Gaia para cobri-la. Então ela deixa sair Cronos, que decepa os órgãos genitais do pai. Este se retira berrando por Gaia, que não demonstra nem a mínima comiseração.

"Recém-divorciada", livre de Urano, Gaia toma como amante outro de seus filhos, Ponto, o mar profundo, do qual ela cria novas realidades. Gera Taumante, o espanto personificado, além de outros prodígios dos mares, perigosos e fascinantes, como Caribde, o sorvedouro que engole os marinheiros aventureiros, Euríbia, a força desencadeada, "cujo peito encerra um coração de aço", e Ceto, o Moby Dick antigo, imenso e terrível monstro marinho que devora tudo por onde passa.

Gaia liberada é chamada *pelôre*. Simultaneamente maravilhosa e monstruosa, só obedece a algumas leis: as que ela mesma decreta e faz cumprir. Não há um único reinado nem um fim de reinado do qual não seja a instigadora. É ela que instila a revolta de Cronos, é ela que cria o Olimpo, como lugar geográfico e também como lugar de poder onde se reúne a assembleia dos deuses. É ela que faz e desfaz os reis, assegurando a justiça e a sucessão das gerações. Na mitologia, os príncipes em particular e os homens em geral tendem a tornar-se tiranos abomináveis ou galanteadores mais ou menos libidinosos – até mesmo os deuses. Assim como seu pai, Cronos recusa-se a reconhecer os próprios filhos, por temer que um deles o destrone. Urano sequestrava os filhos; Cronos devora-os. A imaginativa Gaia inventa o seguinte estratagema: em lugar de seu último recém-nascido, Cronos engolirá de uma só vez a grande pedra enrolada em cueiros que sua esposa lhe apresentará. O estratagema funciona às mil maravilhas. Gaia não só imagina o subterfúgio que ajudou sua filha Reia a salvar os filhos como também recolhe o recém-nascido, Zeus, esconde-o e educa-o. Quando Zeus atinge a idade de governar, Gaia confia-lhe o trovão e o raio para que ele assuma o poder, tornando-se senhor do Olimpo.

Agora Gaia é avó de reis, mas, mesmo assim, avó. Naturalmente, ingressa nessa nova idade para pôr-se a tecer e a fazer bolos, mas à sua maneira. Quando vai para a cozinha, assa novas criaturas, mortais: os seres humanos. Alguns mitos contam que eles nasceram de seus freixos; outros, de suas pedras. Especialmente, a primeira mulher, Pandora, seria originária de um punhado de terra moldado pela mão de Hefesto, tanto assim que todos temos em nós uma parcela de Gaia. Quando trabalha com o fuso, é para fiar o destino, pois alcançou o estágio final do saber: de conselheira passou a oráculo. A Zeus, por exemplo, ela revela o desfecho da guerra contra os titãs e incentiva-o a libertar os cem-braços. Se a mitologia devesse ter um autor, seria Gaia, criadora de todos os deuses e, portanto, autora de todas suas histórias.

Gaia avó também tem uma autoridade espetacular. Filhos e netos tremem ante suas opiniões e seus berros inesperados, pois ninguém está a salvo deles, principalmente os familiares. Todos e todas curvam-se diante de seus conselhos mais estranhos e os ouvem sem pestanejar. Mesmo a deusa da sabedoria, Atena, aquiesce sem fazer perguntas quando Gaia lhe pede que recupere um pouco do esperma de Hefesto quando ele tentar, em vão, penetrar a pudica e prudente Atena. Espalhando algumas gotas sobre esta, Gaia cria o legendário rei ateniense Erictônio.

As aventuras dessa velha senhora indigna não se extinguem com a idade. Gaia venerável nada perde de sua fogosidade e continua uma revoltada tão impenitente quanto imprevisível. Tardiamente, depois de estabelecer a ordem olímpica, ela se toma de uma paixão brutal por Tártaro, que não é o deus da carne crua finamente fatiada e bem temperada, mas sim, protege a morada dos mortos. Então Gaia dá à luz um último filho, Tífon (ou Tifeu, nas versões menos arrepiantes), criatura monstruosa, digna do imaginário *heavy metal*, com cem cabeças de serpentes, olhos fulminantes e uma voz tão potente quanto um exército de guitarras elétricas desenfreadas (os textos gregos mencionam gritos que abalavam as montanhas).

Essa paixão mórbida e infernal ameaça levar Gaia à perdição, pois, no combate que mais tarde opõe Zeus a Tífon, ela por pouco não perece, queimada pelas chamas conjuntas de Tífon e dos raios de Zeus. Desde então, Gaia, a eterna rebelde, se comporta bem e se limita a dar oráculos para os deuses. Para os homens e as mulheres de hoje ela lança advertências, cada vez mais claras e ameaçadoras.

AS FIANDEIRAS

Mães de todas as vidas dos homens,
divindades do destino
Três irmãs
Filhas da Noite ou da Necessidade
ou ainda da Justiça unida a Zeus
Moiras para os gregos
e Parcas para os romanos

A vida está presa a um fio. Na mitologia grega, ele está posto em mãos femininas: as mãos das moiras, as fiandeiras, como simplesmente as denomina Homero. A elas cabe a tarefa de inventar a vida de cada ser humano, e não há duas vidas idênticas. Cloto tece o fio, Láquesis desenrola-o e Átropos corta-o. Não somos mais que personagens dessas criadoras absolutas que nos dão a vida e depois a morte. Entre ambas, elas imaginaram para nós toda uma sinopse feita de ditas e desditas, de vicissitudes e peripécias, de grandes e pequenas alegrias, de grandes e pequenos sofrimentos. Entretanto, dão-nos a trama da história, mas temos liberdade para fazer dela uma história triste ou alegre, um drama ou uma comédia.

Como nossa vida pode nos parecer simultaneamente livre e determinada? Essa verdade é tão incompreensível que para abordá-la é preciso um mito vindo do além. Esse paradoxo é magistralmente expresso por Platão no relato que dedica a Er[2] , combatente sem importância que voltou de entre os mortos para contar o que viu. O próprio Platão é um autor paradoxal e enigmático que nunca cansou de nos lançar desafios. Para nossos contemporâneos, o primeiro desafio é lê-lo: ao passo que em grego sua linguagem é de uma simplicidade deslumbrante (basta uma única frase sua para nos apaixonarmos), ela se torna inacessível na maioria das traduções, tanto que para ler Platão em francês seria preciso já tê-lo lido em grego. Com uma ironia desconcertante, Platão diz que os mitos narrados pelos poetas e transmitidos pelas mulheres e pelas amas às crianças são "mentiras, apesar das poucas verdades que a elas se misturam" (*República*, II, 376e), mas sente e causa um prazer infinito em narrá-los.

Er é um soldado que morreu em combate, um morto anônimo que desce aos Infernos. Após uma longa viagem, chega a uma vasta pradaria para a qual convergem todas as almas, animais e humanas, boas e más. No centro, Láquesis porta no regaço os modelos de vida que compôs

---

2. Em *República*, X, 614b-621b [N.T].

com suas irmãs: vidas gloriosas, vidas humildes, vidas de cão, vidas de prazer, curtas, longas, vidas de todo tipo, pois essas criadoras têm imaginação fecunda. Sortes são lançadas, *alea jacta est*, como se diria em latim. As almas precipitam-se para essas tabuinhas perfuradas e contam; do resultado depende sua posição de passagem. Uma a uma, dependendo do número sorteado, as almas leves aproximam-se da deusa e escolhem a nova vida que estão prestes a iniciar em outro corpo. Láquesis, para não influenciar, não fala, mas encarrega um sacerdote de alertar as almas: "Quanto à virtude, ela não tem dono: cada um terá menos ou mais dela, conforme desdenhá-la ou honrá-la. Cada qual é responsável por sua escolha; a divindade nada tem a ver". Não apenas temos a escolha, mas dentro dessa escolha há sempre pelo menos uma segunda oportunidade. Mesmo o último a chegar, aquele que escolhe entre as últimas vidas que restam, as que ninguém quis, se escolher judiciosamente e empenhar-se em viver bem terá uma condição adequada e boa.

Tudo o que vive, desde a menor vida de mosca até a dos seres humanos, é fruto da imaginação das três irmãs. Romancistas geniais, elas dominam a arte da narrativa, do suspense e das reviravoltas de situação. As mulheres da Antiguidade são suas filhas: no meio das múltiplas tarefas domésticas, fiavam cantando e contando umas às outras destinos acontecidos ou por acontecer, reais ou mentirosos, como o de Penélope tecendo e desmanchando diariamente a mortalha do pai de Ulisses, Laerte.

Na narrativa de Platão, a alma anônima que tirou o número 1 escolhe o poder da vida de tirano, sem ver que alguns capítulos adiante ele devoraria seus próprios filhos. A alma de Ulisses, o herói que tanto sofreu, escolhe a vida mais tranquila possível, uma história simples que as moiras teceram para descansar a mente, ao contrário das aventuras rocambolescas de sua Odisseia. Depois as almas são conduzidas até Cloto, que ratifica o destino que a alma escolheu. Por fim, Átropos sela o destino e torna-o irrevogável. Seu nome designa um gesto muito simples: quando a roda cessa de girar e é preciso parar o fio porque a obra está terminada. Portanto, é Átropos que avalia a perfeição de uma obra, é ela que tem o *director's cut*. Essa é uma visão muito serena e tranquilizadora da morte: quando tudo está dito e não faremos melhor.

Depois que Átropos termina seu trabalho, as almas bebem o esquecimento no rio Leto e iniam sua nova vida. Er, um simples soldado de Panfílio, teria conhecido o mesmo destino se, por vontade das moiras, não tivesse despertado no meio das chamas da pira na qual estava amontoado com os cadáveres dos outros combatentes.

As vidas imaginadas pelas moiras são todas surpreendentes e cativantes; nenhum criador conseguiria rivalizar com elas. Qual artista seria capaz de inventar tanto e, principalmente, de dar tanta liberdade a seus personagens? Os poetas sabem que ao lado delas ficam muito pequenos: "Ó, divinas distribuidoras de equidade, que, estabelecidas em todas as casas, a todo momento fazeis sentir ali o peso de vossas presenças justiceiras, de todas as divindades sois as mais cercadas de respeito", lembra Ésquilo. "Pilotos da necessidade", elas dão a cada um sua parte e seu lugar no Universo, no cosmos, sem favoritismo nem interesse, visto que as almas decidem sobre suas vidas futuras. Os deuses curvam-se diante de seu gênio criativo, convidando-as a virem cantar em suas núpcias e em seus banquetes. Zeus, senhor do mundo, está bem consciente de que é seu executante e ratifica-lhes as propostas. Nunca se opõe aos destinos que teceram, mesmo quando um deles o desfavorecer. Para cada ser humano as moiras deram três presentes: a vida, a morte e a liberdade.

AS MUSAS

Divindades das artes
Filhas de Memória e Zeus

Com seu humor esfuziante e salutar, Florence Foresti[3] alfineta "as musas", essas frágeis mulheres-borboletas cuja "atividade principal" é "inspirar os seres humanos" quando outros os embebedam, prossegue a sra. Foresti, que ri de si mesma mais ainda que dos outros. Se a musa moderna nada tem de melhor a fazer exceto existir, a Musa antiga, por sua vez, não descansa. Até mesmo são necessárias nove dessas divinas mulheres ativas para conseguirem fazer tudo. De fato, sem elas não haveria música nem história, dança, teatro, poesia nem Homero, Virgílio, Heródoto nem Ilíada, Eneida nem espetáculo de Florence Foresti.

Também não haveria ciências, humanas ou implacavelmente inumanas, já que as musas governam também as áreas da astronomia, matemática, história ou eloquência. Na verdade, não haveria criação nem pensamento, como sugere a etimologia de seu nome, derivado da raiz que significa "pensar".

3. Famosa humorista e atriz francesa, nascida em 1973. [N.T.]

Na Antiguidade as musas são indispensáveis. Não são um apêndice da cultura e da criação, um satélite ou uma decoração. Principalmente, não são "discretas" nem "evanescentes" ou qualquer outro termo destinado a mascarar a invisibilidade feminina idealizando-a. São essenciais não só para os seres humanos mas também para os deuses, a quem alegram com seus cantos "quando dizem o que é, o que será, o que foi, com suas vozes em uníssono", como diz o poeta Hesíodo em sua *Teogonia* (27-28).

Sem elas, o que seriam os criadores, os cientistas e os artistas na Antiguidade? Nada. Assim que descem de seu monte, o Hélicon, as musas dizem isso claramente a Hesíodo, logo no início da *Teogonia*, qualificando os poetas de "incultos guardiães de rebanhos, inúteis sem valor, nada mais sois que ventres!" Na melhor das hipóteses, o poeta é "entusiasta", ou seja, literalmente ocupado, investido pelo deus – aqui, a musa; mas ele sozinho é apenas o elo de uma corrente, ínfimo e substituível, vetor de comunicação entre o saber da musa e os homens.

Nos textos, os autores lhes imploram, lhes suplicam que os inspirem. Mesmo Homero fica de joelhos diante de sua musa. O poema fundador da literatura ocidental começa humildemente com: "Dize-me, Musa". Ao contrário de hoje, o autor antigo é sem ego: desaparece não só atrás de sua criação mas principalmente atrás de sua criadora, a musa, a tal ponto que muitas obras da Antiguidade não estão assinadas ou a identidade de seu autor é mera hipótese. Continuamos sem saber quem é Homero ou quantos eram eles, pois alguns julgam que a obra é coletiva.

Quanto a nós, fazemos exatamente o inverso: incensamos os autores, conhecemos Homero, Virgílio, Heródoto, discutimos para saber quem eram ou quando viveram, mas nem mesmo sabemos mais os nomes daquelas que inventaram e compuseram a totalidade das obras antigas e, portanto, forneceram grande parte de toda a criação ocidental até hoje.

Quem seria bastante feminista para pensar que toda a literatura, as artes e o pensamento antigos estão contidos nas mãos de nove viçosas jovens montanhesas? Isso faria alguns ferverem de raiva, mas Platão o era – ele que, em *Íon*, traça um retrato completo das musas e compara seu poder com o da pedra "magnética e que costumam chamar de pedra de Héracles". Essa pedra não só atrai os anéis de ferro como também lhes transmite o poder de produzirem o mesmo efeito e atraírem outros anéis; "de modo que vemos às vezes uma longa corrente de pedaços de ferro e de anéis pendurados uns nos outros, e todos recebem dessa pedra seu poder. Do mesmo modo a própria musa inspira o poeta; ele transmite a outros a inspiração, e assim se forma uma corrente inspirada". A arte e as ciências são simplesmente uma "produção das musas" (Íon, 533).

Vamos aprender a conhecer essas nove mulheres sem as quais nenhuma criação intelectual ou artística existiria: Calíope, Clio, Erato, Euterpe, Melpômene, Tália, Terpsícore, Polímnia e Urânia. As nove jovens "de almas livres de tristeza", como escreve Hesíodo, nasceram da união de Memória (*Mnemosyne*) e Zeus. Foi Memória que tomou a iniciativa, convidando o deus a juntar-se com ela para gerar suas filhas, que destinava a serem "esquecimento das desditas" e "trégua nas preocupações". Zeus aquiesceu. A deusa Memória guardou dele uma lembrança bem pobre, visto que seu relacionamento durou apenas as nove noites necessárias para a concepção.

Calíope, musa da epopeia, é considerada a primeira, pois é também a protetora dos reis. Na Antiguidade, o *épos* é mais que um gênero literário: é um tipo de fala, a fala que importa e permanece. A fala de Calíope determina não só o que é dito mas também o que será dito do rei, sua posteridade. É por isso que a musa da epopeia zela apenas por alguns soberanos e também é por isso que os outros a temem. Por meio de suas obras, graças a ela, os afortunados acedem ao status de "rei sábio", que "aplica a justiça em sentenças retas" e "sabe rapidamente, como é preciso, pacificar as mais graves querelas", "arrebatando os corações com palavras apaziguadoras" (*Teogonia*, 85-90). Os outros caem nas masmorras do esquecimento ou recebem o triste nome de tirano. Não há bons reis nem boa política sem Calíope, a musa "de bela voz", e também não há epopeias. Em seguida vem Clio, "a que celebra" e designa na História as mulheres e os homens que passarão para a posteridade, a glória (*kléos*, em grego). Erato, sua irmã, porta um nome que em grego significa "arder de amor". Erato compõe as cartas de amor e as declarações ardentes, escreve em nossos lábios palavras voluptuosas e sedutoras. Euterpe, "a que dá muito prazer", é a musa da música: ela nos fala e nos encanta com uma linguagem diferente. Melpômene sussurra com sua voz grave as tragédias, aquelas que deixam os espectadores paralisados de terror e piedade. Urânia, a musa da astronomia, convida-nos a erguer os olhos para o céu e vai em socorro dos cientistas para desvendarem os mistérios da abóbada estrelada. Terpsícore, a que dança, faz os corpos e as almas ondularem com ritmo e cadência. Polímnia é a musa da retórica, ou seja, da persuasão, indispensável para quem quiser fazer uso da palavra. Por fim, Tália, "a florescente", é a que nos faz rir e nos inspira comédias e ditos espirituosos. Podemos vê-la em cena em cada espetáculo de Florence Foresti.

Em seu seletíssimo clube, as musas aceitaram um único mortal: não foi Homero nem Virgílio e sim uma mulher, a poetisa grega Safo – a décima musa.

II

AS GUERREIRAS

No primeiro campo de batalha da primeira guerra da cultura ocidental, a guerra de Troia, contada por Homero e recontada sem trégua até nós, os deuses vêm lutar — todos os deuses, independentemente do sexo.

Enquanto as sociedades antigas podem ter sido sociedades mediterrâneas que qualificaríamos de "machistas", na mitologia não é assim: as mulheres não só combatem na linha de frente como são guerreiras temíveis, como as amazonas, e sobretudo são eficientes, como Atena, deusa tanto da guerra vitoriosa como da sabedoria.

IFIGÊNIA, FORTE E FRÁGIL

Casa dos Átridas
Filha de Clitemnestra e Agamêmnon
Irmã de Eletra e Orestes

Quem venceu a guerra de Troia? Não foi Aquiles e sua coragem, nem Ajax e seus bíceps, nem mesmo Ulisses e sua astúcia; foi uma jovenzinha, uma adolescente, delicada e aparentemente frágil: Ifigênia.

Vítima ideal no limite do masoquismo, Ifigênia nos é conhecida pelo espelho cativante de Racine, emblema francês da "literatura eterna" (como ironizava Roland Barthes): a filha de Agamêmnon é por excelência a mulher sacrificial e sacrificada, assassinada no altar no dia que deveria ter sido o de suas núpcias, para permitir que os gregos partissem para Troia. Abandonada pelos deuses, abandonada e enganada pelos homens, a começar por seu pai, Agamêmnon, Ifigênia não só aceita sua triste sorte como se submete a ela, comovente, "virtuosa" e "amável", como a qualifica Racine com uma de suas belas litotes desdenhosas. Por emoção ou para não chocar seu público, Racine se autoriza a inventar uma Erifila, filha secreta de Helena, Lilith grega cujo nome evoca Éris, a discórdia personificada, aquela que ama as maçãs e a cizânia: obscura, escrava, Erifila é sacrificada discretamente, quase de passagem – quem se lembra dela? –, depois de deixar que seu duplo altaneiro, Ifigênia, diga as últimas palavras, as mais belas:

> *Meu pai,*
>
> *Cessai de perturbar-vos, pois não sois traído*
>
> *E todo mando vosso será bem cumprido.*
>
> *Minha vida é um bem vosso e quereis retomá-lo:*
>
> *A vós basta um comando, a mim basta acatá-lo.*
>
> *De coração tão manso e tão calmo semblante*
>
> *Como aceitei o esposo de vosso talante,*
>
> *Saberei, se preciso, vítima silente,*
>
> *Estender ao cutelo a cabeça inocente*
>
> *E cumprindo outra sina, que também quisestes,*
>
> *Devolverei o sangue todo que me destes.*

Esses versos magníficos mordem o coração e sempre fazem chorar, mas sem dúvida teriam feito sorrir a Ifigênia antiga. Para os gregos, a etimologia, o sentido das palavras e as raízes que as constituem, têm um valor muito maior do que para nós: ciência verdadeira, a etimologia é o ingrediente, o fermento de um conceito ou de uma pessoa. Simultaneamente pobres e ricos, os gregos da Antiguidade alimentam-se de raízes, enquanto nós vemos nelas apenas um suplemento de erudição, um tempero, saboroso, mas superficial. Em Ifigênia, em sua constituição, há em primeiro lugar *is*, a força, aquela que depois reaparece em latim em *virtus*. Mas, ao contrário de *virtus*, que está ligada à masculinidade (em latim, *vir* significa *homem*), *is* é principalmente um termo utilizado a respeito das mulheres. Em Homero, são as heroínas, como Penélope ou a esposa de Diomedes, que são *iphtimai*. Ifigênia é aquela que gera a força.

Os tradutores ficam bem atrapalhados para traduzir o termo, hesitando entre "altivas" ou "valentes", um temperamento, um sentimento, quando muito uma força moral, em todo caso uma característica não física, de tanto que a ideia da força de uma mulher parece incongruente. No século XX, a mulher forte evoca mais uma matrona que engordou muito do que uma jovem – o oposto de Ifigênia, mesmo no século de Renoir, e o nosso não é menos acerbo nesse assunto. De quanto tempo nossos ouvidos ainda necessitarão para que uma mulher forte deixe de ser uma mulher avantajada, mais forte em quilos do que em músculos ou em cérebro?

A mulher forte de hoje só o é na aparência, por uma litote zombeteira[4] claramente menos feliz que as de Raci-

---

4. Em francês, *une femme forte* significa uma mulher forte, enquanto *une forte femme* designa uma mulher gorda, avantajada. [N.T.]

ne. A mulher forte é, na verdade, fraca: um sujeito legal ou as circunstâncias, mesmo um simples pote de geleia difícil de abrir a levarão de volta à realidade: "Vamos falar disso de novo na hora de carregar alguma coisa pesada", zomba um de nossos anti-heróis favoritos, o desastrado OSS 117[5]. A alegre ironia do filme enfatiza esplendidamente a fatuidade masculina nesse assunto. Uma lembrança pessoal, mas que será familiar para muitos: depois de uma reunião social à noite, um casal de amigos e sua filha de 10 anos se preparam para retornar a seus penates. A garota está dormindo.

O homem "forte" – esportivo, em todo caso – saiu na frente para buscar o carro, enquanto a esposa – "uma mulherzinha frágil" – desceu cinco andares carregando a filha adormecida, de saltos altos e naturalmente levando na bolsa todos os objetos do marido, exceto suas preciosas chaves do carro. As mulheres carregam ainda mais que uma carga mental. Para avaliar sua força física média, ninguém pensa em adicionar todas as sacolas de compras, os bebês e porta-bebês, todos os *impedimenta* que não lhe são destinados pessoalmente; em compensação, sempre ressurge o teste do pote de geleia. Isso não só é aberrante mas se, improvavelmente, ela conseguir abrir os potes de geleia que confeccionou pessoalmente, será "uma mulher de pulso", ou seja, de pelos no queixo ou nos braços, pois uma mulher forte tem obrigação de ser viril, visto que é

---

5. Protagonista de comédias de espionagem francesas que parodiam os filmes sobre o agente secreto 007. [N.T.]

forte. Há motivo para espanto – para todos os graus do espanto, do sorriso à piedade, passando pela revolta – diante de tanta besteira, diante de um preconceito tal que nega ao mesmo tempo o incrível desempenho do corpo feminino, dotado de uma energia e um vigor assombrosos, e a beleza do corpo masculino. Sejamos mulheres fortes e homens fortes, deixemos o preconceito no armário, ao lado do pote de geleia, e voltemos à lenda de Ifigênia.

Ifigênia é uma Átrida e, portanto, votada a um destino trágico, como seus pais Clitemnestra e Agamêmnon, seu irmão Orestes e sua irmã Eletra. Comandante da expedição contra Troia, Agamêmnon reuniu todas as forças gregas em Áulis para chegar à cidade rival e retomar Helena do troiano Páris, a fim de devolvê-la a seu legítimo esposo, Menelau, irmão de Agamêmnon. Agamêmnon está com problemas, primeiramente de consciência, porque, de índole dubitativa, hesita quanto à pertinência dessa partida, e com um problema prático que todos os chefes e chefas de família conheceram no momento de levantar acampamento para uma expedição dominical ou de férias: impossível partir, o carro não está funcionando; no caso, o vento não sopra e os navios se recusam a avançar. Estão presentes, armados até os dentes e com a flor na lança, todos os soldados e reis das cidades ligadas pelo juramento de Tíndaro, que une os ex-pretendentes de Helena. Eles já começam a impacientar-se, a indagar: "Quando vamos partir?", antes de gemerem mais tarde, com o coração na boca: "Quando vamos chegar?"

O adivinho Calcas é consultado. Ele vaticina que a deusa Ártemis está ofendida porque um de seus animais-fetiche foi morto (uma corça, uma javalina, uma coelha, dependendo da versão) e exige em troca outro sacrifício, "ímpio" e "sem festim", segundo Ésquilo – os gregos tinham o costume de comer, assada, a carne do sacrifício, enquanto os deuses se alimentavam com a fumaça. Note-se que no oráculo de Calcas nada indica que a vítima do sacrifício deve ser humana nem que deve ser Ifigênia. Em Ésquilo, até mesmo o coro mostra indignação:

> Era assim que naqueles tempos o comandante mais idoso da frota aqueia, em vez de criticar um adivinho, tornava-se cúmplice de uma sorte caprichosa. Velas arriadas, ventres vazios, os aqueus se enervavam, detidos diante de Cálcis, em meio aos recifes de Áulis (Agamemnon, 185ss.).

Entretanto, Agamêmnon leva sua filha ao altar, disposto a cometer um sacrifício humano que é simultaneamente um infanticídio e um feminicídio. Tudo isso num único gesto: uma inacreditável otimização criminal. Vamos resumir: um exército desorganizado e fanfarrão, um adivinho sanguinário e incompetente, um comandante hesitante, tentando reparar uma impiedade – matar um animal sagrado – com outra mais monstruosa – matar sua própria filha – é a situação que Ifigênia, com a cumplicidade da deusa Ártemis, consegue resolver. Uma proeza. Feminina. Ante a violência (*bía*, em grego) selvagem do sacrifício e do exército belicoso, Ifigênia contrapõe sua força própria, uma força que não é destrutiva e sim construtiva.

Bravura contra violência.

Existem várias versões dos destinos de Ifigênia e centenas de interpretações. Ésquilo maneja a ambiguidade. O relato do sacrifício, de uma violência insuportável, apresenta Ifigênia amordaçada para impedi-la de amaldiçoar o pai, que, por sua vez, segura o punhal e prepara-se para matar a filha: a forma grega, e feminina, do sacrifício de Abraão. Mas, no momento em que Agamêmnon vai golpear, a narrativa se detém num detalhe que não tem apenas alcance dramático: o manto que cobria o corpo e a cabeça da vítima cai, revelando o rosto de uma Ifigênia semelhante a uma estátua, muda. Terá Agamêmnon, ou outra pessoa, colocado uma boneca no lugar da jovem? Não saberemos, pois, surpreendentemente, o coro, que até então distinguia os menores detalhes, afirma que nada mais viu. A hipótese da sobrevivência de Ifigênia é reforçada pelos fato de a maioria dos autores contar que, no momento em que Ifigênia vai ser sacrificada, a deusa Ártemis em pessoa a substitui por uma corça. Ela rapta Ifigênia e torna-a sua sacerdotisa ou então uma hipóstase, ou seja, uma forma inferior dela própria, o que é atestado pela existência de santuários dedicados a Ártemis com o nome de Ifigênia. Outras fontes fazem de Ifigênia o duplo infernal de Ártemis, sua forma ctônica ao lado de Hécate. Seja qual for a versão adotada, Ifigênia sobrevive, mais forte do que a morte, símbolo também do fim do sacrifício humano. A versão grega do sacrifício de Isaac nos mostra, em vez de um teste de obediência cujos protagonistas são todos masculinos, uma diáde feminina em que a vítima vai bravamente para o altar e a divindade repara *in extremis* o abominável erro do sacrificador.

No final do sacrifício o vento sopra e os aqueus unidos partem para a guerra. Irão vencê-la. Ifigênia deu origem (o que coincide com o segundo termo de seu nome, *génos*, "linhagem", em grego) à civilização grega ao elevar para a unidade uma assembleia de clãs belicosos.

Quer acreditemos ou não no mistério da ressurreição e da apoteose, cinco séculos antes de Jesus Cristo é uma jovem grega que dá seu sangue e se sacrifica por seu povo, e justamente por isso se torna uma deusa. Ésquilo não dá a palavra a Ifigênia, mas faz de sua história a condição da sabedoria humana ao apresentar, logo antes do relato do sacrifício, sua profissão de fé:

> Sofrer para compreender. Quando, em pleno sono, sob o olhar do coração, ressuma o doloroso remorso, a sabedoria penetra neles, apesar deles. E isso é precisamente, creio eu, violência benfazeja dos deuses sentados ao leme celeste! (Agamemnon, 176ss.)

Sofrer significa aqui "suportar" provas e não, "padecer". É a frágil Ifigênia que Ésquilo escolhe para encarnar essa força, que chamamos de "força de alma", embora ela passe também pela força do corpo, que os gregos denominavam iphi e que se esconde no nome de Ifigênia.

Ifigênia transfigura a humanidade, alçando-a acima da barbárie, representada pela desunião das tribos gregas e pela selvageria de Ártemis – ou pelo menos a selvageria que os homens veem em seu culto (lembremos que é Calcas que interpreta barbaramente o oráculo). Desses homens, uma soldadesca sanguinária, Ifigênia faz uma grande civilização.

Eurípides nos deixa ouvir a fala poderosa de Ifigênia, superando largamente a do ardoroso, o valente Aquiles, o "melhor dos aqueus" depois de Ifigênia:

> É em mim que a poderosa Grécia inteira tem os olhos cravados, é de mim que dependem a partida da frota e a ruína dos frígios, e que no futuro os bárbaros respeitem as mulheres gregas, que não ousem mais vir capturá-las no afortunado solo da Hélade quando houverem expiado a perda de Helena, raptada por Páris. Eis tudo o que minha morte evitará, e meu renome de libertadora da Grécia será abençoado para sempre! (Ifigênia em Áulis, 1378ss.).

Ifigênia já está antevendo a vitória, a tomada de Troia e de Helena. Ela tem razão em todos os pontos, porém sem especificar a duração da operação, que levará mais de vinte anos.

A Aquiles só resta lamentar não ter como esposa a jovem, a única que o valha:

> Filha de Agamêmnon, um deus ia levar ao cúmulo minha felicidade, por pouco que eu tivesse te obtido como esposa. Invejo a Grécia por te possuir, invejo-te por pertenceres à Grécia, pois tuas palavras foram belas e dignas de tua pátria (Ifigênia em Áulis, 1404ss.)

O que Aquiles inveja não é a inteligência de Ulisses nem a musculatura de Ájax e sim a força da frágil Ifigênia, aquela que faz com que nada seja temível, nem mesmo a morte.

Ifigênia não receia a morte, seja por derrotá-la ou por contrapor-lhe a glória. Serão necessários os dez anos da guerra de Troia, toda a Ilíada, para que Aquiles chegue à mesma conclusão e encontre a morte. Mesmo antes de a guerra começar, Ifigênia lhe aponta o caminho a seguir. Mas é bem verdade que Aquiles, por sua vez, não se torna um deus: tem direito apenas a uma ilha nos Infernos (a Ilha Branca ou Ilha dos Bem-Aventurados), que compartilha com outros heróis. Sem dúvida, lá ele conseguia facilmente carregar as pesadas ânforas de vinho ou de mel e romper-lhes o lacre, enquanto indagava quem tinha mais força – ele ou Ifigênia – para a eternidade.

AS AMAZONAS

Guerreiras dos confins

São as amazonas *wonderwomen*? Mulher-Maravilha, a super-heroína das histórias em quadrinhos, supostamente é uma amazona, bem como uma heroína feminista. No final da Segunda Guerra Mundial, ela foi inventada por William Marston, que desejava "promover no seio da juventude um modelo de feminidade forte, livre e corajosa, para combater a ideia de que as mulheres são inferiores aos homens e para inspirar às jovens autoconfiança e sucesso nos esportes, nas atividades e profissões monopolizadas pelos homens". Quando se trata de criar um ícone feminista e um novo mito, os olhos se voltam muito naturalmente para a Antiguidade. Entretanto, as amazonas de Paradise Island são muito bem-comportadas e consensuais em comparação com suas coirmãs antigas: transformadas, deformadas em objeto de desejo poderoso, com costumes hipersexualizados para engodar os olhares masculinos, revestindo escassamente corpos musculosos e controlados para agradar aos olhares femininos, as amazonas contemporâneas são concebidas para satisfazer as fantasias dos dois sexos. Mas as amazonas antigas estão pouco se importando com ser consensuais ou salvar um mundo e, para prolongar a metáfora cinematográfica, estão muito mais próximas da loucura selvagem de Furiosa e suas companheiras em *Mad Max: Estrada da Fúria* do que de todas as versões de *Mulher-Maravilha*.

Nômades, independentes, guerreiras, as amazonas antigas são bárbaras – no sentido literal, porque não falam grego, mas também em seus atos. Sanguinárias, ferozes, deslocam-se em bando e não precisam de ninguém: infeliz quem cruzar com sua horda vociferante. O historiador Heródoto conta que os gregos, tendo conseguido capturar algumas na batalha de Termodon, tentaram levá-las de volta consigo, como era o costume com as prisioneiras de guerra. As amazonas foram prudentemente embarcadas separadas em três navios diferentes. Ao cabo de alguns dias, elas haviam rompido suas correntes, matado toda a tripulação, tomado posse dos navios e deixavam-se levar pelas ondas até o próximo porto. Assim que desembarcaram, destruíram a cidade, depois se apossaram dos cavalos e foram saquear as regiões vizinhas. As amazonas são máquinas de guerra, a tal ponto que Heródoto vê em seu nome a tradução de "matadoras de homens".

Outros viram nele mazón, "seio", o que deu origem à imagem da amazona de seio decepado, ou comprimido, para manejar melhor o arco, o que é uma aberração. Por um lado, evidentemente é possível atirar com arco tendo seios; por outro lado, em numerosíssimas representações de amazonas em vasos, afrescos, pinturas, esculturas, elas nunca estão privadas de seus atributos femininos. A hipótese mais verossímil sobre a origem de seu nome é que viria de um termo que significava "guerreiro" em iraniano antigo. Do guerreiro elas têm realmente todos os apetrechos: arco, lança, capacete, escudo e um maciço machado duplo, capaz de cortar os membros e fender o crânio dos atacantes sem que elas sequer precisem descer do cavalo. Sua rainha é reconhecida por seu cinto mítico, que Hipólita recebeu de Ares, seu pai. Não é absurdo ver no nome delas o termo grego zone, "cinto", em referência ao cinto de Hipólita. O cinto em questão deveria ser traduzido por "cinturão" ou "boldrié", pois o objeto se destina mais à guerra do que à decoração: serve para portar as armas e permitir que as amazonas as empunhem mais rapidamente que seus adversários.

Guerreiras natas, elas estão presentes em todos os campos de batalha desde a *Ilíada*, em que Aquiles, o melhor soldado do exército grego, pena para matar a rainha Pentesileia, que, ao morrer, arranca-lhe o coração. Elas percorrem e saqueiam toda a terra grega até Atenas, onde assustam Teseu: as primeiras invasões bárbaras são as das amazonas. São tão poderosas que simplesmente obter o cinturão de uma de suas rainhas, Hipólita, constitui um dos doze trabalhos de Hércules. Ou seja, vencer a amazona é tão difícil como descer aos Infernos ou matar a hidra de Lerna.

Percorrendo a cavalo e devastando estepes e países, as amazonas fizeram tremer a Grécia mítica e todos os impérios depois dela: o persa Ciro, Alexandre o Grande e o general romano Pompeu, todos em suas expedições depararam com as terríveis amazonas. Essas mulheres, ou seu fantasma, são tão pugnazes que extravasam da mitologia para invadir a História, sem conquistá-la inteiramente, pois as amazonas permanecem nos confins, tanto geográficos como metafóricos. Os historiadores as colocam ora na Líbia legendária onde os deuses se refugiam quando sentem medo, ora na desconhecida vastidão bárbara, mais além do Mar Negro. Rugindo, berrando, irrompendo como os terríveis ventos do fim do mundo, elas amedrontaram toda a Antiguidade e puseram de joelhos os maiores conquistadores. Tendo chegado ao longínquo país dos masságetas (para os lados de nosso atual Mar Cáspio), o grande rei da Pérsia (século V a.C.) vem pedir a mão de Tomiris, rainha das amazonas. Ela manda matá-lo e exige que sua cabeça seja cortada e fechada num odre cheio de sangue humano.

Mais tarde, é Alexandre, o Grande, que é intimado a comparecer diante da rainha das amazonas Talestris. Ele concorda e sente-se bem pequeno diante da soberana, que é uma cabeça mais alta que ele, como observa o historiador Quinto Cúrcio. Talestris pede a Alexandre que lhe faça um bebê: se for menina, ficará para ela e, se for menino, será dele. O historiador acrescenta que o imperador leva treze dias para satisfazer o frenesi sexual da rainha. Mais tarde ainda, o general romano Pompeu também se casa com uma longínqua rainha amazona. Muito, muito mais tarde, quando conquistadores da América são atacados por mulheres armadas com arcos e dardos, eles decidem dar ao rio perto do qual aconteceu a batalha o nome de... rio Amazonas . Atualmente, os arqueólogos investigam a possibilidade de existência dessas mulheres, depois que foram descobertos túmulos de guerreiras além dos Urais.

Esse é um mito tão poderoso que todo mundo parece querer que seja ou se torne verdadeiro: Platão, quando trata de construir as leis para o mundo de amanhã, toma as amazonas como referência em matéria de educação. "Se eu for ouvido, a lei prescreverá às mulheres os mesmos exercícios que aos homens; e não receio que a cavalgada e a ginástica sejam adequados apenas para os homens e de modo algum para as mulheres. Estou convencido do contrário, baseando-me em antigos relatos." E o filósofo prossegue: "Não há nada mais insensato do que o uso em virtude do qual as mulheres e os homens não se empenhem todos, com todas suas forças e de comum acordo, nos mesmos exercícios." Isso porque sem a participação das mulheres "um Estado é apenas metade do que seria se todos tivessem os mesmos trabalhos e contribuíssem por igual nos encargos públicos" (Platão, *As Leis*, livro VII). Nesse mundo melhor que somos convidados a construir desde o século IV a.C., é preciso que as mulheres saibam "manejar os arcos e as flechas como o fariam as amazonas e apoiar os homens" em sua luta contra o inimigo. Para Platao, a mulher ideal da cidade ideal tem como modelo a amazona. A sabedoria avança muito lentamente.

Esse mito nos interroga sobre a necessidade de atribuir aos homens e às mulheres papéis diferentes. De fato, essa horda de lutadoras aguerridas levanta a questão do lugar do homem numa tal sociedade: se as mulheres combatem, os homens servem para quê? Como é esquisito ver os papéis invertidos assim! Nesse "mundo ao contrário", entretanto, a misoginia não se torna simetricamente misandria: as amazonas nada têm contra os homens, não precisam deles, exceto quando os querem, para o sexo, a procriação ou algum outro desejo. Daí uma série de lendas em que elas fazem vir homens e os mandam embora depois do amplexo, ou então se reúnem no topo de uma montanha para uma orgia sexual com os habitantes da região, que só reencontram para lhes entregarem seus eventuais herdeiros – e, além disso, unicamente os meninos, pois conservam consigo suas filhas. Um mundo ao contrário, se pensarmos nas sociedades que privilegiam o macho e às vezes se livram das menininhas. O modelo das amazonas vai mesmo mais longe: ao contrário das descrições antigas de povos bárbaros ou gregos, as descrições da sociedade das amazonas não mencionam qualquer tabu nem qualquer disfuncionamento: elas guerreiam com os outros, mas nunca entre si e, se porventura desejarem integrar novos elementos, é de acordo com suas leis, ou melhor, sua lei: nunca se deixarem dominar por quem quer que seja nem impor o que quer que seja. Um dia, conta ainda Heródoto, amazonas que naufragaram na Cítia se apaixonam pelos homens que encontraram ali. Os citas lhes propõem que se casem com eles e integrem seus lares, como se faz na maioria das latitudes. As amazonas recusam sua oferta, mas lhes propõem viverem com elas, obedecendo suas leis e costumes; os citas aceitam felizes.

Ao mostrar que tudo caminha pelo menos igualmente bem sob a férula feminina, o mito das amazonas faz explodir ou pelo menos vacilar a pseudo-ordem das coisas que pretende que homens e mulheres tenham papéis exclusivos e separados, decididos em função das faculdades respectivas de cada sexo. Rebeldes e revolucionárias, as amazonas percorrem as estepes e os séculos bradando: "Igualdade!"

ATENA CINTILANTE

*Deusa da guerra, da sabedoria, da invenção, do
artesanato, das artes e das letras
Filha de Métis e Zeus
Atena para os gregos, Minerva para os romanos
Atributos: a coruja, a oliveira, a égide*

"A mulher é o melhor do Homem." Os gregos já haviam compreendido isso muito antes de Félix Lope de Vega, pois colocaram sua cidade principal, Atenas, berço da cultura ocidental, sob a proteção de Atena. Entretanto, outro deus poderoso, Posídon, cobiçava a cidade. A lenda, relatada no século I a.C. pelo autor latino Varrão, conta que o rei de Atenas Cécrops, não sabendo quem selecionar entre o deus e a deusa, pediu aos habitantes que votassem, inclusive as mulheres. Elas fizeram a balança pender em favor de Atena, não por uma mítica solidariedade feminina e sim porque a deusa presenteara a cidade com a oliveira, enquanto Posídon ofertara somente um cavalo. A primeira democracia confia o poder a uma mulher. A escolha das atenienses – que, segundo a lenda, lhes custou ser privadas durante longo tempo do direito de voto – mudou tudo: a deusa Atena é uma divindade não só poderosa – Posídon também o era –, mas positiva. Enquanto a maioria dos deuses da mitologia são ambivalentes, capazes de vinganças terríveis, de injustiças assombrosas e de atos odiosos, Atena extrai o melhor de todas as situações. Mesmo das piores. Quem quisesse escrever o *Livro Negro de Atena* estaria em grandes apuros. Mesmo quando está irritada ou prega uma peça, a deusa permite um avanço e abre a porta para a civilização, principalmente em comparação com os outros deuses. Por exemplo, a deusa Leto [Latona para os romanos] intima Ártemis e Apolo a matarem todos os filhos de Níobe porque esta afirmou ser uma mãe mais prolífica do que a divindade. Fáeton é fulminado por Zeus por haver tomado de empréstimo o carro de Hélio, seu pai. O castigo resulta apenas em remorso, sofrimento e mesmo morte. Por isso a sorte que Atena reserva para Aracne parece mais clemente. Aracne é uma fiandeira extraordinária; todos ficam boquiabertos ante a beleza de seus trabalhos. A jovem, cedendo à *hýbris* (o descomedimento), como todo mundo na Antiguidade – exceto Atena –, lança à deusa um desafio: tecer a tapeçaria mais bela. Atena, sempre esportiva, aceita e, vexada com o notável trabalho de Aracne, a quem já não tem o que ensinar, toca-a de leve na cabeça com o fuso e rasga-lhe a obra. Envergonhada, a jovem decide enforcar-se. Atena, para conservar a vida da rival e todo seu talento, transforma-a no animal mais habilidoso em tecer, a aranha. Assim Aracne pôde fiar por toda a eternidade. Quanto aos que a assediam, ela sabe não lhes guardar rancor: repele os assaltos de Hefesto, que tenta violentá-la, mas recolhe na coxa seu esperma e assim gerará um filho, Erictônio, que se torna um dos primeiros governantes de sua cidade preferida, Atenas.

Atena representa o melhor para os humanos, mas também para os deuses, a começar pelo principal, Zeus. Ele é o rei dos deuses e, como todos os monarcas, tem medo de ser destronado. Mas o oráculo estipula que ele só será derrubado pelo filho que tiver com sua esposa, Métis (cf. p. 67), a divindade da inteligência, a que pensa mais longe e antes de todo mundo e que lhe dá segurança com seus conselhos. Para continuar sendo senhor do mundo Zeus engole Métis, antes de conceber Atena, que surge, totalmente armada, da cabeça de seu pai. Quer isso dizer que o grande homem não tem a mente suficientemente ampla para conter toda a sabedoria de uma mulher? Entre as muitas incongruências que se leem na mitologia, há estas duas: a primeira insinua que Atena não tem mãe, sendo que não só ela tem mãe mas também, como pronoia, previdente e sábia, herdou muito mais de Métis, sua mãe, do que do pai. Quando ela nasce, o Olimpo inteiro vibra de alegria, o mar se comove até as profundezas e o Sol detém seu curso, fascinado pelo milagre da aparição de Atena, luminosa, esplêndida, feminina e armada até os dentes.

No álbum dos clichês que nossa recepção da mitologia (nossa mitologia?) contém, há também a imagem tenaz de uma Atena viril porque esportiva e guerreira. Essa imagem, aberrante, apavorante, corresponde na realidade à fantasia rabugenta que visa a desviar as mulheres do esporte e dos combates: uma mulher que se exercita e domina em campos que atribuímos aos homens é fatalmente masculina ou assim se torna. Nesse âmbito como em tantos outros, Atena tem muito a nos ensinar e a sociedade dos olímpicos é mais aberta do que a nossa. Todos os deuses do Olimpo surpreendem-se com sua beleza e nenhum autor da Antiguidade questiona a feminidade da deusa da guerra. Em vez disso, vejamos o retrato que Calímaco (*Ao banho de Palas*, 15-17) traça de Atena lavando seu belo corpo após os combates: "Nada de perfumes ou unguentos para o banho de Palas[6]: Atena não deseja misturas perfumadas. Tampouco um espelho; seu rosto já é sempre belo." Atena não precisa ser coquete e maquilada para ser bela: uma vivificante lição de feminismo, vinda do século III a.C.!

Atena é benfazeja para os mortais. Enquanto todos os deuses pedem sacrifícios, a deusa, ao contrário, dá mais do que recebe. Ela anima com o sopro vital Pandora, a primeira mulher, criada pelos deuses. Adorna-a com uma vestimenta para que seja senhora de seu pudor. O véu de Pandora representa muito mais do que um penduricalho ou uma questão de moda; trata-se de uma questão

---

6. Palas é outro nome de Atena.

substantiva, particularmente para nossa época: com essa dádiva, Pandora tem liberdade para escolher o que mostrar de si, para quem e em quais circunstâncias. Ele não lhe é imposto, recomendado ou concedido no rastro de um pecado original. Atena também ensina, a Pandora e a todas as mulheres depois dela, a arte da tecelagem, escola de criação e civilização. Para todos os seres humanos dá a oliveira, a árvore útil, essencial para a alimentação mas também para a civilização: estimulando a inteligência e o trabalho coletivo, é por Atena e para a cultura da oliva que são pensados e depois elaborados os primeiros lagares, os primeiros candeeiros a óleo. A deusa esclarece – em todos os sentidos do termo – a humanidade. É também com óleo de oliva que esportistas e lutadores untam o corpo. A dádiva da oliva por Atena torna as pessoas melhores e mais belas. Por isso a deusa leva o nome de *polías*, "favorável à cidade", ou seja, à civilização.

Benfeitora da humanidade, ela é benevolente também com os indivíduos que auxilia, orienta e reconforta. Então é dita proboulos, de conselhos sensatos. Habilidosa e sábia, torna também habilidoso e sábio quem a escuta. Assim, é a educadora por excelência, a professora ideal, a de Telêmaco, a quem instrui sob a aparência de Mentor. Ao herói Aquiles empresta sua égide, o escudo protetor que recebeu de Zeus. Mostra-se compassiva quando consola e embeleza Penélope na Odisseia. Reconforta a ninfa Cáriclo antes de dar o dom da profecia a seu filho Tirésias, condenado a ficar cego por ter visto a deusa em sua nudez majestosa. Também é graças a Atena que Medusa possui seu terrível poder de petrificação. Ser interpretadas de maneiras muito diversas é característico das lendas, mas ousemos olhar de frente a história de Medusa. A jovem górgona, ao contrário de suas duas irmãs, não é imortal. Em compensação, é dotada de uma beleza sublime, principalmente sua cabeleira, fascinante e talvez já petrificante, mas não o suficiente para deter o deus Posídon, que a arrasta e a violenta no templo da própria Atena. Um templo é um lugar sagrado; fazer amor ali é uma conspurcação passível de morte, ainda mais num templo dedicado a uma deusa dita "virgem[7]". Medusa deveria morrer, mas Atena decide transformá-la, cobrindo-lhe de serpentes a cabeça e tornando insustentável seu olhar, sob pena de ser transformado em pedra, impedindo que o crime se repetisse. Com excessiva frequência consideramos as metamorfoses como punições, quando na realidade são libertações. Atena não só salva Medusa da morte como também lhe dá poder sobre quem a olhar, protegendo-a de novas agressões. Orgulhosa de seu ato, é Medusa que ela exibe no peito ou em seu escudo: o gorgóneion com a efígie de Medusa faz parte de seus atributos, juntamente com a coruja.

Atena é uma deusa "virgem", mas não por ódio, temor ou desprezo pelos homens; bem o contrário. Ela protege Ulisses, é claro, mas também Telêmaco, Jasão, Perseu e Belerofonte. Na guerra de Troia, defende a causa dos gregos, mortais, às vezes contra o parecer dos deuses. Sem-

---

7. Sobre as bizarras virgens da mitologia e as traduções-traições, cf. p. 87.

pre à frente, não perde uma oportunidade de participar da batalha. Entre os qualificativos que lhe são especificamente atribuídos, há *promacos*, primeira a lutar e a única autorizada a combater ao lado de Zeus, com quem compartilha a égide. Como os gregos têm outro deus da guerra, Ares, tão barbudo quanto belicoso, qual é o interesse de acrescentar-lhe Atena? É que, ao contrário de Ares, Atena é sempre vitoriosa; daí sua denominação *níke*, a vitória. Quem a tiver a seu lado tem certeza de vencer. Mesmo Zeus, durante a luta contra o monstro Tífon, que quase põe fim a seu reinado, tem consigo apenas um único parceiro para vencer o monstro. Não é Ares nem Posídon ou qualquer outro deus viril e superpoderoso: é sua filha Atena.

Deusa da guerra, e entretanto é ela que aquieta as cóleras e resolve os conflitos – dos deuses, dos homens e dos homens com os deuses. Afasta de Orestes as erínias, põe fim aos tormentos dele e ao mesmo tempo encerra a maldição aos descendentes de Atreu. Na briga entre Agamêmnon e Aquiles, ela amaina a cólera deste jovem loiro e impetuoso. Na *Odisseia*, salva Ulisses e faz mais, sobretudo durante a terrível tempestade nascida da cólera de Posídon. Depois de impedir a passagem dos outros ventos, Atena abre um caminho para as borrascas de Bóreas, o vento do Norte, e, justamente quando o mar o empurra para os esporões rochosos da Feácia, ela sussurra para Ulisses o meio de safar-se. Depois, novamente a conselho da deusa, Ulisses vai nadando ao longo da costa para chegar à ilha dos feácios, onde a sublime Nausícaa o acolhe e cuida dele – por intervenção de Atena, evidentemente. Atena é também eficiente (*ergáne*), infatigável (*atrytóne*) e deusa das artes e do artesanato: a todos os retóricos ou sonhadores que se iludem com palavras e promessas tanto mais efêmeras e decepcionantes quanto forem grandiloquentes, Atena contrapõe o monumento eterno do trabalho concluído e da promessa cumprida, a exemplo de seu templo, o Partenon, que desde o século V a.C. se alteia no topo da Acrópole. Que melhor chefe político do que aquele que é eficiente? Agradecemos às atenienses por terem feito a escolha certa: Atena.

Para que um trabalho seja divinamente bem feito é preciso uma centelha de gênio. Por isso Atena é cintilante (*glaucópis*). Essa centelha é a dos olhos misteriosos da coruja, seu animal-fetiche; é a que faz a lua e as estrelas fulgurarem na escuridão noturna para guiar os viajantes; é a que faz as armas e os corpos brilharem no esforço ou na luta; é a que prateia as oliveiras ao sol e doura-lhes o óleo; por fim, é a de seu olhar, luminoso, límpido e benevolente, resplandecente de vida e de gênio. Brilhante, competente, vitoriosa, bela e benfazeja: creio que nunca foi dada uma imagem tão deslumbrante da mulher como essa encarnada por Atena, centelha viva que nos guia para a perfeição e nos convida a darmos o melhor de nós.

III

AS ERUDITAS

Não é muito correto, e por razões sem fim,
que uma mulher estude e saiba tanto assim.

———

Aí está, em dois memoráveis versos de Molière, um preconceito que permanece em nossa cabeça. Qual mulher intelectual já não ouviu lhe perguntarem: "Mas esse seu livro não é quase um filho?" e ela responder com a afirmativa, para "deixar correr o barco", seguir o declive suave e escorregadio do preconceito. Que jovem, antes de prestar um concurso que não um concurso de beleza, não ouviu no fundo da mente a musiquinha: *Não é muito correto, e por razões sem fim, que uma mulher estude e saiba tanto assim?*

A mitologia não conhece a antífona e nos canta uma canção muito diferente, dando à ciência e à inteligência rostos femininos deslumbrantes.

MÉTIS SUPERIOR

A inteligência personificada
Filha do Oceano e Tétis
Mãe de Atena

"Mulher é um animal de cabelos longos e ideias curtas". "Amar uma mulher inteligente é um prazer de pederasta". "Mulher inteligente é uma mulher com a qual podemos ser tão burros quanto quisermos". "Quem procura uma mulher bela, boa e inteligente não está procurando uma e sim três". "Uma mulher que se julga inteligente pede os mesmos direitos que o homem; uma mulher inteligente abre mão deles". Temos um sério problema com a inteligência no feminino. Todas essas citações de autores célebres (e de uma autora) cujo nome prefiro não citar, porque são, com toda razão, grandes autores, atestam isso.

A mitologia grega, ao contrário, faz da inteligência uma das principais divindades, mais antiga do que Zeus e a primeira a reinar com ele. Tão logo conquista o poder, Zeus toma como esposa Métis, "que sabe mais coisas do que qualquer deus ou mortal", especifica Hesíodo (*Teogonia*, 888-889). Sabe, portanto, que antes de dar à luz Atena Zeus a engolirá, pois seu destino, contra o qual ela nada pode, seria gerar um filho de coração violento que se tornaria um tirano. Deixa-se enganar pelas palavras cariciosas de Zeus, propositalmente, porque tudo sabe: ao ficar assim incorporada a Zeus, evita que o mundo seja novamente devastado por rivalidades, guerra e caos, e continua a governar fazendo seu esposo conhecer "de dentro" as ditas e desditas que o aguardam. De passagem, gera via Zeus não um filho de coração violento e sim uma filha, tão bela quanto inteligente: Atena.

Assim fazendo, Métis dá o melhor exemplo possível de métis, palavra que causa tanta dificuldade para os tradutores, mostrando com isso a que ponto estamos mal aparelhados para admitir essa inteligência no feminino. A palavra é habitualmente traduzida por "prudência" ou por "astúcia". Esta última tradução é a mais comum, devido ao ensaio fundamental de Jean-Pierre Vernant e Marcel Detienne, Les Ruses de l'intelligence. La mètis des Grecs [As astúcias da inteligência. A métis dos gregos]. Para nós, "prudência" e "astúcia" juntas ficam tão mal (ao contrário de Vernant e Detienne, que escreviam tão bem a dois) que num primeiro momento métis nos escapa da mão. Isso porque o termo grego não é pejorativo, ao passo que "astúcia" o é, nem psicológico, como "prudência", que se diz de uma qualidade ou de uma atitude moral. Em ambos os casos se trata de uma inteligência inferior, porque não é teórica e sim prática ou moral. Métis, ao contrário, é uma inteligência superior, divina, precisamente porque é uma inteligência em ato e eficiente. O termo, que deriva da mesma raiz de "metro", é, muito concretamente, a faculdade de medir a distância que nos separa do objetivo a atingir. Por isso um esportista como Antíloco, que vence a corrida de carros no canto XXIII da Ilíada, dá prova de métis quando examina como, em função de seus adversários e do terreno, pode chegar em primeiro lugar. Examinar, selecionar, calcular numa fração de segundo todos os dados ao redor para alcançar a vitória: isso é métis. Trata-se, portanto, de uma inteligência prática, no mais belo sentido do termo. Quem possui métis prevê, age e principalmente obtém sucesso. Um bom dirigente – e Zeus compreendeu isso – deve ter métis. A deusa Métis, por si só, é uma apologia das mulheres em política.

Por fim, a história de Métis e Zeus nos mostra que seguramente a inteligência não é virtude mais de um gênero que de outro. Se Métis como divindade é uma mulher, *métis* se compartilha, como atesta Ulisses, chamado de *polymétis* (cheio de *métis*) já nos primeiros versos da *Odisseia*. Cabe às mulheres e aos homens compartilharem o poder, em boa inteligência.

O GAIO SABER DE FLORA

Deusa das flores
Clóris para os gregos, Flora para os romanos

"Antes de mim o mundo não tinha cores", explica Flora, a bela romana, ao lado de todas as divindades principalmente gregas que já mencionamos. Hoje às vezes sofremos esse mundo incolor e citadino em que as flores penam para desabrochar: sem Flora, o mundo seria um longo corredor de metrô ou um estacionamento gigante. Graças a ela, a beleza é acessível a todos, gratuitamente e sem necessidade de educação. Honra seja feita aos filhos da loba: como a lenda de Flora é romana, os nomes empregados aqui são os latinos.

A importância de Flora vai muito além do *decorum*; os romanos compreenderam bem isso e faziam de suas festas, as Florálias, uma das mais longas e mais veneradas de seu calendário. O poder de Flora, deusa das flores e da primavera, é imenso. Pela chegada da floração, a deusa governa todo o ciclo da natureza e, portanto, para os seres humanos as colheitas, o azeite, o vinho e o mel. Mas essa bonita flor pode mostrar-se muito espinhosa: basta que os senadores esqueçam de fazer-lhe oferendas para que Roma ameace desmoronar, com as revoltas e a fome substituindo as colheitas e as festas.

Flora é também guardiã do saber científico: sabe os nomes de todas as plantas e suas propriedades. É mais erudita do que Lineu e Fleming reunidos e mais perigosa do que o doutor Petiot[8], pois prepara na natureza remédios ou venenos, dependendo de quem os administra e de quem os recebe.

Além disso, ela é maga. É com uma flor, a *móli*, que Ulisses consegue evitar os encantamentos de Circe, é com a *nepentes* que Helena faz os guerreiros esquecerem todas suas desditas. A própria Flora faz uso de uma flor secreta para possibilitar que Juno gere o deus Marte sozinha, sem o amplexo de Júpiter (e sem que ele jamais fique sabendo). Com a flor dos campos de Oleno, flor única que Flora oferece a Juno, a esposa de Júpiter engravida unicamente com a carícia das pétalas. Com a "flor da vida", a ninfa Moria ressuscita seu irmão Tilos. Ao lado dessas flores imaginárias ou pelo menos não identificadas, outras criações de Flora, muito reais, espalham ao redor o

---

8. Marcel Petiot, famoso serial killer francês, guilhotinado em 1946; a pretexto de vaciná-las, injetava gás ou veneno em suas vítimas. [N.T.]

bem e o mal. Com as flores do acônito (nascidas da baba de Cérbero, o cão de guarda dos Infernos), Medeia tenta envenenar Teseu, filho do rei de Atenas, Egeu. Com a centáurea (mirtilo), o centauro Quíron cura todos os heróis feridos. Com um unguento de rosas, Afrodite embalsama o corpo de Heitor para que nunca se altere. O saber dispensado por Flora não é austero nem tedioso: é um gaio saber, multicolorido e embriagador como as flores e seus perfumes. Também é popular e animado, a exemplo de suas festas, onde a licença é maior e as brincadeiras são mais livres, acessíveis a todos.

Por fim, Flora concede imortalidade aos corações feridos: graças a ela, o infeliz Jacinto, Anêmona e Narciso tornam-se as flores que portam seus nomes; graças a ela, Clícia, ardentemente apaixonada pelo Sol, transforma-se no heliotrópio que o contempla sempre, Átis esconde-se na violeta e do sangue de Adonis nasce a rainha das flores, a rosa. Todas e todos destinados à morte e ao esquecimento, todas e todos imortalizados e amados graças à douta Flora.

AS SEREIAS

Divindades marinhas perigosas, mulheres-pássaros

"*Sois belle et tais-toi!*" [Seja bela e cale a boca!]Em 1975 a atriz Delphine Seyrig dirige esse revolucionário documentário sobre as devastações do sexismo nos meios cinematográficos. São quase cinquenta anos antes do movimento Metoo, porém mais de vinte e cinco séculos após o mito das sereias, aquelas terríveis mulheres-pássaros que com palavras e cantos seduziam os marinheiros, partindo-lhes o coração antes de seus navios se despedaçarem contra os rochedos.

As sereias, nem belas nem mudas, permaneceram como as figuras femininas mais sedutoras da mitologia. Quem são elas?

Em Homero e, depois, para o poeta Apolônio de Rodes, a voz das sereias se caracteriza pelo tom agudo. É qualificada com a palavra *ligus*, que significa "claro", "estridente", "alto", como o vento ou as chicotadas na *Ilíada*, como o canto do pássaro, o som da flauta ou a voz de uma mulher. Portanto, não é tão surpreendente que os artistas que quiseram dar-lhes uma aparência as tenham representado com patas de pássaro, busto e rosto femininos, ou então dotadas de instrumentos musicais. Os que quiseram dar-lhes uma história fizeram delas companheiras decaídas da jovem Perséfone ou musicistas que ousaram desafiar as musas.

Como observara espirituosamente Pascal Quignard em *Ódio à Música*, "os ouvidos não têm pálpebras"; de modo que as sereias, seja qual for a forma que assumam e sejam quais forem suas palavras, são irresistíveis. É sua voz que ata um nó corrediço (o nome "sereia" vem precisamente da palavra que significa "laço" ou "corda") no pescoço daquele que a ouve. Não importam que palavras profiram, é impossível não escutá-las, exceto estando com os ouvidos tampados com cera, como Ulisses, ou cobrindo suas vozes, como Orfeu em Argonáuticas.

Musas dos mares, musas do mal, as sereias são invencíveis. Arrebatam nossa atenção. Isso explica por que frequentemente servem de comparação para as palavras melosas do político mentiroso ou do orador hipócrita. São também a "vozinha" que murmura em nosso ouvido e nos impele para o pior.

No final da Antiguidade, essas cantoras funestas começaram a tornar-se mulheres-peixes. Proclo menciona "as sereias posidonianas [que] vivem no mar, mundo do devir". Numa obra do século VI, *De monstris*, o autor descreve "virgens do mar que com sua beleza e seu canto mavioso enganam os navegantes. Da cabeça até o umbigo têm corpo de moça. Entretanto, têm uma cauda escamosa que fica imersa no mar". A metamorfose é longa e silenciosa, pois as sereias só reaparecem no século XI e definitivamente dotadas de uma cauda de peixe. Depois, as sereias medievais, por sua vez, se deixam seduzir pelas sereias da mitologia nórdica, de longos cabelos e corpo tão enfeitiçante quanto a voz.

Viajantes milenares, as sereias foram avistadas nos quatro cantos do globo: na entrada do golfo de Messina, na Islândia, em Belle-Île e mesmo por Cristóvão Colombo, que narra que se confrontou com sereias duas vezes, quando se aproximava de São Domingos, não longe das costas então denominadas guineenses.

O que elas cantam? Cantam tudo o que encanta e seduz. Conhecem tudo, a respeito de tudo, de cor e em música. Portanto, são as mulheres mais sabidas do Mediterrâneo. Quando Ulisses, prudentemente amarrado ao mastro de seu navio, as vê, elas lhe cantam sua própria história. Conhecem a Odisseia antes de estar concluída.

Sem moralina: as sereias encantatórias são terrificantes, tanto quanto parece terrificante uma mulher poder saber tudo.

AS SIBILAS

Mulheres semimíticas que conhecem o futuro

Enquanto para nós o adjetivo "sibilino", designando uma linguagem confusa, é pouco laudatório, na Antiguidade as palavras das Sibilas eram tão respeitadas que o rei romano Tarquínio o Soberbo teria comprado a preço de ouro os *Livros sibilinos* vendidos por uma velha que afirmava ser a Sibila de Cumes, aquela que guiou o herói Eneias através dos Infernos. Até o final do império romano esses livros foram guardados em segredo, com pena de morte para quem se aproximasse deles sem o consentimento dos sacerdotes. Eram consultados, depois de aprovação do Senado, em situações desesperadas – crises, guerras, pestes, fome – e seu teor era acatado literalmente. Eles conduziram Julio César ao poder e pediram a Juliano, o imperador filósofo, que desistisse de sua expedição à Pérsia. As palavras das Sibilas são verdades de evangelho, observadas escrupulosamente e sem discussão. Os que ousarem desrespeitá-las se roem de arrependimento.

As Sibilas são em número de dez ou doze, dependendo da época, estabelecidas nos quatro cantos do mundo antigo, do Egito à Pérsia, passando pelo nebuloso país dos cimérios. Às vezes descendentes de deuses, em todo caso são seres superiores, acima dos sacerdotes e mesmo acima dos oráculos, pois não se limitam a repetir as palavras dos deuses, cujas vontades conhecem. Oferecem-nos o retrato sem igual de mulheres que dominam pelo saber, sem ser maléficas, ao contrário das sereias. Essas mulheres atravessam os séculos, passando dos tempos míticos para a História, pulando alegremente do paganismo para o monoteísmo, presentes tanto no templo de Júpiter Capitolino como na capela Sistina ou na catedral de Beauvais, servindo de referência para Virgílio e para Santo Agostinho. Essa longevidade se explica pela natureza de seu saber: elas conhecem o que todo mundo gostaria de conhecer – o futuro. Essas mulheres sabem o futuro do ser humano.

Bem conscientes de seu poder, exercem-no sem bondade, mas com muito humor, sentindo um prazer malicioso em divulgá-lo de modo ambíguo. Assim, na Quarta Bucólica de Virgílio, os mesmos versos que mencionam a "última idade" predita pela Sibila anunciaram ora o imperador Augusto ora Jesus Cristo. Brincando com os sentimentos dos que as interrogam, quanto mais exigem deles atos absurdos, mais escrupulosamente são escutadas. Um soldado que pergunta se vai morrer ouve esta resposta: *Ibis redibis non morieris in bello*. Qualquer que fosse seu nível em gramática, o infeliz pode ter compreendido: "Irás, voltarás, não morrerás na guerra" ou "Irás, não voltarás, morrerás na guerra". As Sibilas são tão eruditas que sabem captar as falhas da língua latina para zombar dos homens.

IV

AS LUTADORAS

Ao contrário de nossos contos de fadas, para as mulheres da mitologia, o final ideal, o objetivo da história não é: "Eles viveram felizes e tiveram muitos filhos". O nervo da guerra não é desposar um príncipe nem ter uma progenitura numerosa; e quando há um dragão, é uma mulher, Medeia, que se encarrega de derrotá-lo.

Longe de um heroísmo cor de rosa ou da vitimização lamurienta, aqui estão alguns exemplos dessas aventureiras da mitologia — mulheres independentes e decididas, sobrevivendo às piores provações e tomando nas mãos seu destino.

ÁRTEMIS ADORADA

Deusa da juventude, da caça, dos partos, da Lua etc.
Ártemis para os gregos, Diana para os romanos
Filha de Zeus e Leto
Irmã de Apolo
Atributos: a corça, o arco, o crescente lunar

Nós também temos nossa mitologia. Ela propaga o mito do caçador, combatente viril das matas que foi em busca de sua presa e voltará para casa coberto de barro e de arranhões, tarde, porque teve de enfrentar um urso, trazendo no bornal um coelhinho. Enquanto isso, sua esposa, a mulher do caçador, colhe bonitas bagas nos maciços espinhosos e, se isso não lhe tomar o dia todo, acolhe "seu amado em seu grande leito branco". A mitologia grega, ao contrário, deu a uma mulher, Ártemis, selvagem e sagitária, a função de divindade da caça, sem o estorvo do ridículo "marido da caçadora", visto que Ártemis decidiu não se casar.

Numa época em que a caça é vital para a sobrevivência e o avanço da civilização, é uma figura feminina que a encarna e a protege, zelando não só pelos homens que a praticam mas também pelos animais e matas que a sofrem, instaurando um *modus vivendi* feito de trocas e de respeito entre a espécie humana e a natureza.

A Senhora das Feras, Diana para os romanos, apresenta muitos aspectos e muitos nomes, como: *órtheia*, "reta"; *kourótrophos*, "protetora da juventude"; *lokheía*, "protetora das grávidas"; *phosphóros*, "portadora de luz"; *pótnia théron*, "protetora dos animais selvagens"; e, evidentemente, *Phoébe*, "a Lua". Todas essas denominações, para nós diversas e às vezes contraditórias, são coerentes com a magnífica figura de Ártemis, uma das divindades mais importantes na vida de um grego ou uma grega. Nenhuma outra deusa foi mais venerada do que a jovem com o arco de ouro. Prova disso é seu templo em Éfeso, considerado uma das sete maravilhas do mundo. "A luz do dia nunca iluminará algo mais maravilhoso e mais rico", escreve sobre ele o poeta Calímaco. O Artemísion era tão famoso que, segundo se conta, quando um certo Eróstrato quis tornar-se ilustre, incendiou o templo para obter celebridade. Enquanto a notoriedade de Eróstrato pena para percorrer os séculos, o templo, por sua vez, foi imediatamente reconstruído e hoje os viajantes ainda podem admirar seus vestígios.

Quem é a deusa de muitas faces? Filha de Zeus e irmã de Apolo, Ártemis é a filha de Leto. Dos dois gêmeos, ela nasceu primeiro, e tão rapidamente e bem que sua mãe não precisou sofrer. Ártemis é a criadora do parto sem dor, de modo que é ela que as parturientes mortais ou imortais chamam para sua cabeceira. Heroínas e deusas da mitologia não estão isentas dos suplícios do parto, até mesmo os sofrem mais, devido às características monstruosas ou maravilhosas de sua progenitura. Na ilha de Delos, onde estava refugiada, os gritos de Leto invadiam o Mediterrâneo todo, e a palmeira à qual ela se agarrara quase se quebrou; mas, assim que nasceu, Ártemis ajudou a mãe a serenamente dar à luz Apolo. Desde então, a cada nascimento ela desce de suas montanhas para ajudar as mulheres a parirem, de modo que todos os gregos são filhos de Ártemis ou pelo menos vieram ao mundo graças a ela. É isso que, em parte, explica sua popularidade na Antiguidade: cada grego lhe deve sua existência, e isso é ainda mais verdadeiro porque, paralelamente, a deusa possui o poder de morte súbita sobre as mulheres que acabam de dar à luz e sobre seus bebês.

Paradoxalmente, portanto, os gregos deveriam a vida à virgem Ártemis. Entretanto, o paradoxo é só aparente: na Antiguidade, *parthénos*, "virgem", não significa não ter vida sexual e amorosa; significa ter a liberdade de não se casar. A tradução de parthénos faz parte das numerosas traduções-traições originárias de interpretações ultrapassadas. Durante eras e eras, vamos diabolicamente perseverando no mesmo erro.

Nossos dicionários pudibundos, nascidos no século de ouro da misoginia, o XIX, traduzem *parthénos* por "virgem". Todos os helenistas franceses aprenderam (e eu também) a mesma coisa e, nas raras aulas em que o grego antigo ainda é ensinado atualmente, professores valorosos continuam a ensinar isso a alunos motivados e igualmente valorosos. Quanto às traduções contemporâneas, todas desejando desnudar o texto, nenhuma das que li se atreve a questionar essa tradução. Ninguém ousa tocar na virgem *parthénos*[9]. Milagre da Grécia eterna, onde as virgens têm filhos! Há motivo para sorrir ou irritar-se, dependendo do humor. *Parthénos*, de fato, corresponde mais ao nosso "celibatária", ou seja, uma mulher para quem o casamento não é uma fatalidade; mais do que uma idade ou uma situação social, é um estado de espírito. Em grego existem efetivamente outros termos para designar a jovem pronta para casar ou que deseja casar. A *parthénos* é aquela que não planeja casar, temporária ou definitivamente, como Ártemis, o que não impede de ter uma vida sentimental.

Já na Antiguidade o maravilhoso poeta Calímaco (mas não é o único) faz a lista das amantes e dos amantes de Ártemis, pois Ártemis, por mais que seja "virgem", não se priva de homens nem de mulheres. Entre as damas, Antíclea foi a que a deusa amou "como seus olhos"; Atalanta, a quem ela ensinou a arte da caça e que capturou o javali da Calidônia quando os melhores guerreiros e caçadores haviam fracassado. Quanto aos homens, Ártemis amou

---

9. Para o aspecto médico da questão remeto a um importante artigo de Giulia Sissa, "Une virginité sans hymen: le corps féminin en Grèce ancienne", in *Annales. Économies, Sociétés, Civilisations*, ano 39, n. 6, 1984, p. 1119-1139.

Órion, o caçador gigante que, quando morreu, ela transformou em estrela, e Hipólito, tragicamente acusado por Fedra enlouquecida de amor, e do qual Ártemis é a *phílta-te*, a "querida" ou a "bem-amada". Portanto, para nós, com relação a Ártemis, "virgem" deveria ser entendido muito mais como "solteira", embora não seja impossível que os amores de Ártemis tenham se mantido castos, já que a mitologia não dá todos os detalhes.

Essa liberdade do celibato Ártemis reivindica ainda muito criança, quando, sentada no colo de seu pai Zeus, ela lhe pede para permanecer *parthénos*, virgem/ solteira e usar uma túnica curta, a fim de caçar sem entraves e percorrer livremente as montanhas com suas companheiras. Celibato e minissaia: não é ela a deusa mais moderna possível?

Deusa da formação da juventude, ela leva a sua a toque de caixa. Agora com o coração e as pernas livres, Ártemis vai ter com Hefesto para pedir aos Ciclopes que lhe forjem armas. Calímaco, surpreso e emocionado, narra o que imagina ser a cena:

> Depois ela foi procurar os Ciclopes [...] Lá estavam eles, na forja de Hefesto, diante dos montes de ferro; apressavam um grande trabalho, um bebedouro para os cavalos de Posídon. Mas tu, deusa, apesar de pequenina – tinhas apenas três anos – quando Leto, carregando-te no colo, levou-te até Hefesto, que te convidara para os presentes de boas-vindas, o ciclope Brontes sentou-te em suas pernas robustas, e tu puxaste os pelos de

seu peito largo e os arrancaste com todas tuas forças; até hoje todo o meio de seu corpo não tem pelos, como a têmpora onde se instalou a alopecia devastadora. E então, sem medo, disseste: "Vamos, Ciclopes, depressa: fabricai-me o arco cretense e as flechas, e a aljava, abrigo das setas; eu também sou de Leto, como Apolo. [...] e, quando com minhas setas eu matar um javali ou algum animal grande, essa será a refeição dos Ciclopes" (Calímaco, Hino a Ártemis, 72ss.).

E o que fizeram aqueles ferrabrases que serviam de bicho-papão para os filhos dos deuses e deusas antigos ("Se você não for dormir agora, o ciclope vem te comer!")?

Tu falaste, eles te obedeceram; e armaram-te, deusa (Calímaco, Hino a Ártemis, 85).

Zeus, senhor do céu, dos deuses, do raio e do trovão, é igualmente obediente: lhe dá as montanhas e inúmeras cidades, tudo o que ela deseja, e não só porque se trata de sua filha. Pan faz o mesmo, oferecendo-lhe cães velozes para sua matilha. Diante dessa jovem resoluta e independente que sabe o que quer, deuses viris, frequentemente tachados – por nossa época, em primeiro lugar – de "machões", aquiescem sem pestanejar. Na noite dos tempos da mitologia, com sua franqueza e sua vontade, Ártemis pôs um fim no eterno problema de comunicação entre homens e mulheres.

Infeliz quem quisesse dominá-la ou domá-la. Ártemis é "sem dono", segundo Homero. Alguns aprendem isso à própria custa, como Otos e Efiáltes, que tentam violentá-la e ela faz com que matem um ao outro, ou Quíone, que afirma ser melhor e mais justa que a deusa e é morta por ela com uma flechada na língua.

Além de indomável, Ártemis é irredutível, tanto que Platão relaciona seu nome com o termo grego que significa "íntegra". Ainda que provavelmente não seja exata do ponto de vista linguístico, essa etimologia revela bem a maneira como a deusa podia ser considerada; e como não ver *thémis*, a justiça, em "Ártemis"? Na verdade, ela é terrivelmente justa, o que muitas vezes a faz passar por cruel. Quando Eneu, rei de Cálidon, esquece-a em seus sacrifícios, ela envia um javali enfurecido e monstruoso que devasta o país. Lança a peste e a fome sobre a cidade de Patras porque seu templo foi conspurcado. Expulsa de seu séquito Calisto porque está grávida, o que é proibido para as mulheres e divindades que a acompanham. Transforma seu companheiro Actéon num cervo e deixa que seja devorado por seus próprios cães, porque ele a viu banhando-se e ninguém tem o direito de ver algum deus em sua verdade nua.

Uma observação a respeito disso: essa lei e o castigo para quem a infringir são idênticos para todos, mas a maneira como ela é contada a nós, contemporâneos, é diferente, dependendo de a desventura ocorrer a mulheres mortais ou a homens mortais. Sêmele, por exemplo, vê Zeus tal como ele é e não, disfarçado, como os deuses costumam quando desejam encontrar-se com mortais; ela é

fulminada. Essa é a lei antiga; soma-se a ela um preconceito moderno e lamentável: Sêmele é censurada por sua
curiosidade, essa eterna curiosidade feminina acorrenta-
da como uma grilheta ao fantasma fictício do que deveriam ser as mulheres. Sêmele é punida, mas a culpa é sua
e ela fez por merecer. Em contrapartida, quando Actéon
tem a curiosidade de olhar Ártemis banhando-se, é injusta e tragicamente punido, como se aquele ágil caçador,
sempre alerta e habituado a reagir num piscar de olhos,
nada tivesse ouvido nem tivesse a rapidez necessária para
fechar os olhos.

Em um caso, dizemos que a deusa é cruel por castigar
o pobre infeliz e, no outro, que a mortal é curiosa e in-
sensata: dois pesos e duas medidas. Em ambos os casos,
a culpa recai na mulher. Esse é um vergonhoso passe de
mágica intelectual que se repete *ad nauseam* toda vez que
um *voyeur* de vestiário sacia os olhos desculpando-se por
ter errado de porta – mas nunca por ter olhado –, a cada
frase imprópria ou mão boba justificadas por uma saia,
um vestido, um top decotado, transparente ou muito cur-
to: "Ela não devia se vestir de modo provocante!" Mais
uma vez, esse clichê é nosso, pois não está presente no
mito nem na maioria dos textos antigos que o narram.

Íntegra e irredutível, Ártemis, consequentemente, é
ainda mais justa e benfazeja para com os que a respei-
tam, a começar por seu irmão Apolo, a quem auxilia em
muitas ocasiões. Também voa em socorro da bela Aretusa
perseguida por Alfeu, metamorfoseando-a na água fresca

de uma fonte. Quando uma das sacerdotisas de seu santuário em Mantineia é violentada por Aristócrates, faz o homem ser apedrejado até a morte pelos habitantes e a lei ser mudada para que a oficiante possa ter um companheiro, instaurando assim a primeira sacerdotisa casada. Salva Ifigênia da morte certa, raptando-a do altar no qual seu pai está prestes a sacrificá-la e eleva-a à posição de sacerdotisa, ou mesmo de deusa, dependendo da versão. Em Ovídio, ela também salva Hipólito da vingança de Netuno, despedaçado nas rochas da praia.

Ártemis está à cabeceira de todas as parturientes antigas e, ainda hoje, alivia as dores femininas sob o nome de "artemísia", a erva denominada *artemisia* em latim; o naturalista Plínio recomendava que tanto homens como mulheres sempre a levassem consigo ao viajar. Atualmente, especialistas muito sérios discutem se a "Bonne Mére[10]" de Marselha não seria uma lembrança de Ártemis!

É por tudo isso que Ártemis é uma das deusas mais populares dos gregos, honrada, amada e reverenciada tanto pelos homens como pelas mulheres. Venerada por toda a Antiguidade, Ártemis realiza a proeza de ser respeitada sem ser cobiçada: que belíssima lição de liberdade!

10. Nome pelo qual é conhecida a basílica Notre-Dame de la Garde, vista como símbolo de Marselha. [N.T.]

CIRCE, A SOLITÁRIA

Maga que vive na legendária ilha de Ea
Filha de Hécate e do Sol

Porque mãos e olhos passeiam soltos, porque chovem as observações gratuitas julgando, avaliando uma mulher como se ela fosse um pedaço de carne num cepo de açougue, por causa de todos os pés em cima da mesinha de centro, de todas as olhadelas embaixo do vestido e de tantas outras grosserias de que o sexo masculino infelizmente é capaz, invoquemos a feiticeira Circe, a solitária, que transformou em porcos os companheiros de Ulisses.

Circe talvez seja uma das mulheres mais mal-afamadas da mitologia. Por quê? Porque tem o poder de transformar seres humanos em animais? Mas quantos bruxos, de Merlin a Harry Potter, lançam o mesmo feitiço sem que isso os faça pender para a magia negra? De modo geral, ser feiticeiro é sempre mais bem-visto do que ser feiticeira, mas o caso de Circe é ainda pior: percorrendo Homero e Ovídio com um olhar simultaneamente espontâneo e informado – ou seja, tentando desprender-se dos lugares-comuns aprendidos e transmitidos desde a noite dos tempos –, fica evidente que Circe é inquietante porque, pior do que "livre" (o que subentende sempre um segundo elemento, como um cônjuge, por exemplo), ela é independente.

Comecemos por seu nome. É comum fazer "Circe" derivar do termo grego que significa "gavião". Não foi preciso mais para que o grande tradutor da *Odisseia*, Victor Bérard, mencionasse "Circe, a gavioa". Um modo muito prático de traçar o retrato de uma Circe como predadora rapace, mulher-pássaro de mau agouro lançando-se sobre os homens como a ave de rapina da qual leva o nome. Se essa etimologia for correta, é incompleta: na origem de Circe e do gavião há uma palavra muito mais simples que não é preciso ser helenista para entender: na raiz de "Circe" há *kírkos*, o círculo e de modo geral tudo o que é redondo: o anel, a gargantilha, um bolinho em forma de *donut* com que se deleitam os poetas da *Antologia Grega*, o circo que acolhe os jogos e os espetáculos e, por fim, a ave de rapina que tem a particularidade de voar em círculos. O termo evoca também os círculos e os arcanos da magia, o círculo mágico que Circe desenha com sua varinha. A circularidade lembra o solipsismo, a perfeita solidão da deusa que vive reclusa numa ilha redonda "que o mar coroa até o infinito", protegida pela névoa, especifica Homero. Precisamos imaginar uma ilha solitária, acariciada apenas pelo som da água e da voz encantatória de Circe, pois a primeira coisa que Homero nos diz dela é para elogiar-lhe a voz e os cabelos de deusa. "A imortal Circe com voz de deusa" não é uma simples bruxa ou feiticeira e sim realmente uma deusa do primeiro escalão, pois, como filha do titã Sol, na hierarquia genealógica dos deuses ela está colocada no mesmo patamar que Zeus e precede alguns olímpicos.

Essa ilha, Ea, nenhum poeta e nenhum erudito conseguiu localizar, colocando-a e recolocando-a nos confins mais inesperados, do Eldorado à Cólquida, passando pelo estreito de Gibraltar e pela Itália, que comporta um *Monte Circeo*. Inclassificável e independente, a própria Circe é uma ilha: talvez seja essa a mensagem oculta que o anel de seu nome contém – segredo maravilhoso, mas doloroso, de tanto que é desconcertante uma mulher ser só; nosso vocabulário porta a marca pungente disso.

De fato, uma mulher sozinha é uma mulher deixada de lado, como a solteirona que ninguém quis, ou solteira, isto é, potencialmente em busca de um marido, ou ainda livre, isto é, em busca de um parceiro provisório. Depois a mulher foi "libertada", mas mesmo assim continuou escrava, igual em tarefas, mas não em direito nem em salário diante de seu patrão. O final do século XX cantou-nos a "mulher liberada", visão encantadora que mal moderniza a boa e velha cantilena da mulher frágil, pois a heroína da canção é liberada de quê? De quem? De um homem que deve ter a comiseração de não a "deixar cair", pois ela é "tão frágil"; ser uma mulher liberada, sim, mas vulnerável e que se quebra ao menor choque se não for protegida por seu viril parceiro particular. A virada do século propôs a "celibatalhadora", ou seja, concretamente, a celibatária que, entre duas histórias longas, se reconforta com aventuras com marquesinhos enquanto espera o príncipe encantado. Mais recentemente nasceu a *single*, como um quarto de hotel, que procura seus parceiros em sites de namoro e nas redes sociais, *slogan* ferino que mascara mal o medo de, como o quarto de hotel, ficar sem ninguém. Falando claro, uma mulher não é sozinha e sim *sem*: "sem filhos", "sem amante", "sem marido" e mesmo pior, abandonada.

Circe "de voz límpida", que teria motivo para explodir de riso ou de raiva, ao ver nossa concepção da solidão, canta-nos uma canção muito diferente; vamos escutá-la.

Na canção de Circe, há primeiramente o amor à solidão e à harmonia, que os homens, esses mortais comedores de carne, com excessiva frequência procuram perturbar. Circe é uma deusa que praticamente não ama a humanidade. Mais do que misândrica, detestando o sexo masculino, ela é misantropa. Ataca qualquer um que for inquietar seu sossego: transforma os homens de Ulisses em porcos, mas lembremos que, em Ovídio, também transforma a bela Cila em monstro e o pobre Pico em passarinho. Em Apolônio, ela expulsa sua parente Medeia, é bem verdade que depois de purificá-la do assassinato de Apsirto, mas sem sequer uma noite de hospitalidade e descanso.

Na canção de Circe há também o amor ao saber: ela é mais cientista do que feiticeira. Não tem a menor necessidade de livro de feitiços, de invocação a Hécate ou às potências escuras da magia negra, da qual, entretanto, temos vestígios na Antiguidade (a descrição da feiticeira é uma passagem obrigatória, principalmente, da literatura latina). É *poliphármacon*, "das muitas *phármaka*", termo que designa tanto o veneno como o medicamento. Doutora Circe sabe mais sobre os corpos e os corações dos mortais do que muitos especialistas.

Um tantinho atrabiliosa, Circe tem uma alma de velho misantropo erudito num corpo de deusa, e gostos luxuosos. Mora num palácio maravilhoso, um "solar" com mobília de prata, lençóis de púrpura, corbelhas de ouro, braseiros e banheira com todas as comodidades. Nenhum manual de anatomia ou de biologia coloca entre os atributos viris a riqueza e o bom gosto, mas é divertido constatar que muitos glosadores insistem nesse detalhe para dizer que Circe é "viril", como se a posse de riquezas e de um palácio suntuoso fosse coisa masculina!

Para o serviço e a manutenção de sua propriedade Circe confia mais nas mulheres, delegando essas tarefas a divindades menores, ninfas das águas, que ela parece não ver. Para que cresçam viçosas as ervas de que extrai seus simples e suas poções "mágicas", Circe possui, literalmente, um paraíso, um jardim delicioso vigiado por uma horda de animais ferozes – lobos e leões, mas domesticados e mansos com ela, que parece também não os levar em consideração. Soberana despreocupada, a deusa vive em perfeita harmonia em sua ilha, até que estrangeiros barulhentos venham perturbar-lhe a solidão.

Para compreender a imperturbável harmonia do mundo fechado de Circe e deixar de vê-la pelo espelho de fantasias em torno das bruxas e, mais geralmente, das mulheres cultas e/ou independentes, basta ler Homero. Quando se aproximam do palácio da deusa, os vinte e dois homens que Ulisses enviou em missão não acham nada melhor a fazer além de berrarem todos, em coro, como guerreiros que são e porcos que vão ser. "Vamos, gritemos sem mais tardança", ordena-lhes seu chefe, que, embora se chame Polites, nada sabe das boas maneiras. Incomodada com o barulho, "a deusa de voz límpida" interrompe seu trabalho de agulha, que Homero nos diz admirativamente ser uma obra-prima, ao mesmo tempo grande e delicada, brilhante e memorável. Quando ela vai pessoalmente abrir a porta, a bela malta selvagem se atira para dentro, como um bando de brutos vorazes e sedentos que imediatamente sentaram nas poltronas e nos tronos em madeira preciosa, enquanto Circe, por mais deusa que seja, lhes prepara uma refeição.

Quem já recebeu um bando de amigos que convidaram a si mesmos imaginará facilmente a cena de uma anfitriã de alta estirpe reclusa em sua cozinha para não ouvir as piadas duvidosas e as trivialidades barulhentas de vinte e dois homens esfalfados, esfaimados, esperando o aperitivo ser servido. E ninguém criticará Circe por acrescentar, além de seu vinho, de seu pão, de seu queijo e de seu mel refinados, algumas gotas de uma de suas drogas, aquela que faz esquecer a pátria, pois, qualquer que seja o país de onde vêm esses brutamontes, não são mais dignos dele.

Melhor dar-lhes diretamente a aparência que combina com suas almas, a aparência de porcos. Felizes de se espojarem na lama e grunhirem ruidosamente num chiqueiro, irão importuná-la menos do que berrando diante de sua porta e depois pontificando em sua sala; e, quem sabe, talvez ela possa obter algum presunto. Homero especifica que a deusa muda-lhes a aparência, mas não os pensamentos, pois na verdade, em suas mentes – e na dela – já são animais grosseiros e barulhentos. O único a escapar é Euríloco, que, quando tenta contar a Ulisses o que acaba de acontecer, fica um longo momento sem voz. A salvação cabe ao mais reservado do bando.

Muitos considerarão excessiva a conduta de Circe; realmente o é. Mas lembremos, não sem malícia, que, se a lenda se passasse atualmente nos Estados Unidos, Circe possuiria um fuzil e teria matado sem hesitação qualquer intruso inconveniente em sua propriedade. Sem cruzarmos o Oceano Atlântico, todos os jornais estão cheios de notícias de assassinato por causa do barulho, que ainda teria se acentuado durante os confinamentos de 2020-2021. Circe, por sua vez, não mata ninguém. O único personagem a perder a vida em sua ilha é o jovem piloto Elpenor, que, bêbado, morre por desatenção ao cair de cima do telhado. Circe não é uma guerreira, ao contrário de Atena, nem mesmo uma matadora, ao contrário de Medeia (e de muitas outras, pois a mulher mitológica mata facilmente).

Antes de chegar à morada de Circe para salvar os companheiros, Ulisses se encontra com Hermes, que lhe entrega um medicamento profilático qualificado de *esthlon*: uma palavra com muitos sentidos, o que dá margem a traduções muito variadas, mas que na origem designa a nobreza, de coração ou de sangue. O que Hermes – cuja varinha, o caduceu, tornou-se mais tarde símbolo da farmácia – dá ao herói é um remédio de nobreza, um elixir de dignidade, um "antidescaramento" para não se comportar como um grosseirão vulgar diante da deusa. Esse elixir se denomina *móli*, uma planta assim nomeada na linguagem dos deuses e que só eles podem colher – um modo de indicar também que, sem intervenção miraculosa ou divina, todo homem, mesmo um herói como Ulisses, é levado a retomar sua natureza de bruto total. Circe, aliás, espera vê-lo sofrendo de porquização sintomática e já vai convidando-o a ir juntar-se a seus companheiros no chiqueiro; mas o antídoto de Hermes é eficaz e Ulisses se posta diante dela, de espada em punho, ameaçando matá-la.

"Deve habitar em ti um espírito invencível", ela lhe diz, antes de convidá-lo a compartilhar sua banheira e depois, seu leito. Como não é um bronco disfarçado de herói, como tantos outros, Ulisses merece que ela lhe abra os braços. Circe é sensual, ama a harmonia dos corpos e não pretende compartilhar o seu com qualquer um. Mais uma vez, uma mulher poder ser sensual e exigente quanto a seus parceiros não corresponde a nossos clichês: uma mulher que gosta de sexo é rapidamente etiquetada "quente", "fogosona" ou "ninfomaníaca" pelos mais polidos, já que é tão incapaz de decidir com discernimento e privada da dignidade de escolher. Ao contrário de Circe, que escolhe seus amantes e ao mesmo tempo é abertamente sensual – uma combinação que tem porque assustar todo indivíduo masculino, seja mortal ou divino.

Prudente, Ulisses, a conselho de Hermes, pede-lhe então que jure pelo grande juramento dos deuses que não lhe fará mal. Circe jura e cumpre. Sendo ela mesma mulher de honra, portanto de *esthlon*, mais vale não ofendê--la. Sobre esse ponto, lembramos que em outra parte de sua vida, em outra parte de seu mito, em Ovídio, Circe se atira a Glauco, divindade marinha que está apaixonada pela ninfa Cila, que o desdenha. Para "desprezar o desprezo", Circe propõe-lhe que faça amor com ela a fim de desforrar-se da desfeita de Cila. Glauco, prisioneiro de seus sentimentos, recusa esse jogo de sexo vingador. É melhor não brincar com o amor de Circe. Ela se vinga transformando Cila em monstro, por "indignação" e não por ciúme, explica Ovídio. A punição é dupla, pois agora Glauco está apaixonado por uma criatura disforme, assustadora e razoavelmente inabordável, já que a doce ninfa se tornou um animal feroz e violento, um monstro hediondo com cintura de cães ululantes e serpentes sibilantes.

Nos braços de Circe nunca se trata de amor e sim de sensualidade e cumplicidade: "Façamos amor para haver confiança entre nós", diz ela a Ulisses. O termo empregado em grego, *philótes*, remete mais à afeição e mesmo à amizade espontânea e alegre do que à paixão devoradora. Em todo caso, indica um relacionamento saudável, livre e sem condições ou amarras. Em termos mais crus, o que Circe propõe é: "Vamos fazer amor e permanecer bons amigos"

Ulisses pede a Circe que devolva a forma anterior a seus companheiros. Ela concorda e aproveita para torná-los mais belos e principalmente mais dignos, *esthlon*, do nome de homens – melhores, em suma, como explica Homero (*meizon*, "melhor" em grego). Nas mãos de Circe, aqueles porcos disfarçados de homens, que ela, não sem humor, mudou para homens transformados em porcos, tornam-se, por fim, homens dignos desse nome.

Um detalhe engraçado: uma versão tardia, largamente explorada pelo moralista Plutarco, relata que um dos companheiros de Ulisses, chamado Grilo, prefere continuar sendo um porco. O texto, recentemente retomado pela causa animalista e pelos oponentes ao sofrimento animal, paradoxalmente reforça a perspicácia de Circe: a animalidade está pronta para expandir-se no indivíduo masculino tão logo a educação, a honestidade, a cultura se embotarem. Entre os perigos que Ulisses e seus homens devem enfrentar está o de reverter ao estado selvagem. A conduta deles na casa de Circe, mas também, por exemplo, o episódio em que companheiros devoram os bois do

Sol, são exemplos disso. Os personagens da *Odisseia* são heróis, precisam de provas para não decaírem. Homens medianos sem dúvida precisam de muito menos para se tornarem broncos grosseiros e porcos em corpos de homens. Nos textos antigos, os homens, com suas qualidades e defeitos, frequentemente são comparados com animais: o leão, o tigre, mas também animais menos nobres, como o porco. Se alguns franceses receiam ser tomados por veados ou galos, fiquem tranquilos: também podem facilmente tornar-se porcos. Aos olhos de uma deusa, eles então a meio caminho entre o selvagem e o divino, um elemento do reino animal que se julga superior a ele, mas está muito longe do Olimpo e, de todo modo, é mortal. Plutarco, pelo focinho de Grilo, reforça ainda mais essa ideia ao afirmar que muitos animais valem mais do que muitos homens.

Agora que os tornou homens de verdade, Circe os acolhe de braços abertos. Não só eles, mas toda a tripulação, que Ulisses vai buscar na praia, inclusive Euríloco. Circe banha-os, unge-os e veste-os com macios mantos de lã, intensificando-lhes a aparência de homens dignos desse nome. Depois se ocupa de seus corações e incita-os a abandonar os sofrimentos por que passaram na viagem e a recuperarem a coragem que tinham ao deixar Ítaca. Mais uma vez Circe eleva à dignidade moral esses guerreiros que se tornaram náufragos.

Resumindo, a magia de Circe consiste em elevar à condição humana homens em vias de recaírem em sua natureza animal e suína. Civiliza-os e melhora-os, sem esquecer de lhes oferecer abrigo e comida, fazendo-os viver – eles que tanto sofreram – uma vida paradisíaca durante vários anos. Assim, aquela que é vista como embruxadora deletéria se revela a nós como a boa anfitriã, a educadora física e moral, uma professora de humanidade.

Pois Circe sabe. Tudo. Poço de ciência na área das plantas e da medicina, é também oráculo, conhecendo o destino, revelando a Ulisses o modo de retornar a Ítaca: ele deve bater à porta do Hades para pedir conselho ao adivinho Tirésias, que lhe indicará o caminho para sua pátria. Circe lhe explica não só como ir ao reino dos mortos mas também como encontrar a pedra sagrada de onde invocar os fantasmas e com quais rituais e sacrifícios conseguir isso. A Ulisses ela entrega o objetivo, o mapa e o meio de alcançar seus fins; ao leitor, dá o final da narrativa, suplantando Homero (ou quem quer que se esconda atrás desse nome). Para o poeta e seu herói, ela é a que sabe. Circe é a mulher sabedora. Por isso se torna a musa do poeta, revelando-lhe como deve continuar e terminar sua história.

Essa que nunca pesa nem se apega, livre e libertadora, não derrama uma lágrima quando Ulisses, chamado por seu dever, por sua história, anuncia que é hora da separação. Ao contrário, diz-lhe que, se estiver pronto, então deve partir com seus homens, imediatamente. E indica-lhe a saída mais honrosa: "Se nesta casa já não é de bom grado que permaneceis, parti!"

Eu facilmente suspeitaria que ela está contente por ver a tripulação ir embora, a fim de recuperar sua perfeita e querida solidão. Chora-se muito na Odisseia, homens e mulheres indistintamente, mas não Circe – ao contrário de Ulisses, que rompe em soluços, em lacrimoso arrependimento, no fundo da depressão, garantindo que não quer mais viver, ver o dia nem sair do quarto, à medida que se aproxima a separação. A essas delongas Ulisses acrescenta a angústia de retomar a navegação e a inquietude pelo caminho a seguir. Circe não derrama uma só lágrima: ao contrário, impacienta-se e galvaniza o herói choramingão: "De que adianta te preocupares com o piloto? Vai-te!" Depois Circe lhe explica novamente o caminho, detalhando as etapas e fornecendo pontos de referência até o Hades e, uma vez no Hades, lhe indica até o lugar onde deverá prestar seu sacrifício e como prestá-lo. Um pai não daria mais detalhes a um filho tímido que pela primeira vez tivesse de ir sozinho para a escola. Já foi dito: sem Circe, Ulisses nunca teria encontrado o caminho de volta a Ítaca; sem Circe, sua odisseia ficaria inacabada.

A Ulisses e seus homens só resta uma coisa a fazer: partir.

E, se Circe os acompanha até o navio, não é para soluçar ou agitar seu lencinho e sim para, literalmente, desejar bom vento para a tripulação, enviando uma brisa para que o navio possa largar sem dificuldade e tomar o rumo certo. Como narra Ulisses:

Para impelir o navio de proa cerúlea, a deusa enca-
racolada, a terrível Circe, dotada de voz humana,
envia-nos um valente companheiro na brisa que vai
inflar nossas velas e, depois que a bordo houvermos
organizado todos os aprestos, só precisaremos sentar
e deixar o vento e o piloto conduzirem.

Tudo o que esses senhores precisam fazer é sentar e
aproveitar amigavelmente seu cruzeiro... Isso quase mereceria um sorriso, se esses valentes heróis não estivessem
"soluçantes", "gementes", "arrancando os cabelos". Ulisses
só precisa deixar-se levar, assim como o poeta: Circe escreveu o final da história, cada gesto a ser feito, as palavras
a serem ditas e mesmo onde pousar o olhar e sentar-se. O
herói e o poeta só precisam memorizar e repetir.

Nem Homero nem, que eu saiba, qualquer outro poeta
conta o que faz Circe quando Ulisses e seus companheiros partem. Portanto, estamos totalmente à vontade para
adivinhar. De minha parte, seria o seguinte: enquanto os
homens choram e o som de seus soluços vai se afastando,
Circe solta um suspiro de alívio e se deixa invadir pela
quietude sagrada que toma novamente a ilha à medida
que Ulisses e seus homens vão encolhendo no horizonte.
Quando finalmente apenas o som da água e dos passari-
nhos quebra o silêncio, Circe retorna a seu palácio, reto-
ma sua tapeçaria e põe-se a cantar.

ARIADNE, A SOBREVIVENTE

Princesa cretense que se tornou imortal

Filha de Minos e Pasífae

A loura Ariadne, "Ariadne das belas madeixas", também vive numa ilha solitária, chamada Naxos ou, menos frequentemente, Dia. Mas, ao contrário de Circe, seu exílio não é voluntário. Ariadne fugiu de casa com Teseu, que a abandonou de noite nessa praia, como um ladrão. Ao partir, ele não lhe deixa absolutamente nada: nem alimento, nem água, nem canoa, nem sequer um fio, o fio que ela lhe deu para encontrar o caminho de volta no labirinto do Minotauro. Os heróis, Ulisses, Jasão, sempre têm consigo pelo menos alguns companheiros para ajudá-los; mas ela, nada. Mesmo Ulisses nunca esteve tão sozinho e tão desamparado.

A Ariadne resta apenas escolher qual morte terá. Lobos de presas aguçadas já estão rosnando ao longe, a menos que sejam leões ou tigres. O mar da região "vomita focas enormes", narra Ovídio – em termos de terror marítimo, as focas são os tubarões da Antiguidade. Os piratas do Mediterrâneo nunca estão longe e não terão o menor escrúpulo em violentá-la ou então embarcá-la para vendê-la como escrava; ela é filha do rei de Creta, está na vanguarda da cultura e do refinamento. "Quando olho o mar e a terra e a extensão das praias, me vejo muito ao abandono, presa e pasto para os animais ferozes", diz através de Ovídio nas *Heroides*, cartas fictícias em que as heroínas da mitologia falam umas tantas verdades a seus amantes. Nem a terra nem o mar lhe trarão socorro e a noite não tardará a cair. Robinson sem Sexta-Feira, a Ariadne só restam os olhos para chorar e a cabeça para refletir. E faz isso abundantemente. Ela, que conseguiu extirpar de Dédalo o segredo de seu labirinto, cuja engenhosidade está na origem das maiores invenções da Antiguidade, não deve tergiversar. A alternativa é simples: suicidar-se ou sobreviver, em ambos os casos com a possibilidade de fracassar, de agonizar voluntária ou involuntariamente nessa praia inculta. E em ambos os casos, por falta de sepultura, Ariadne se sabe destinada a uma maldição eterna: ficar vagando na entrada do mundo dos mortos.

Apenas por isso Ariadne já merece o maior reespeito – respeito contido na etimologia de seu nome, aquele que é reservado aos deuses. A mitologia não escolhe, propõe várias versões. Em Homero, Ariadne é morta por uma flecha de Ártemis (que talvez se compadeça dela) e é essa versão que Racine escolhe:

Ariadne, irmã, por qual amor ferida

Tu morreste lá mesmo onde foste esquecida! (Fedra, ato I, cena 3)

Se o espetáculo da mulher sacrificada, achincalhada, seduzida, abandonada, morrendo de tristeza e desespero numa ilha por causa de um homem e então sendo morta por outra mulher pode excitar, em conformidade com muitas fantasias masculinas e femininas, principalmente nos versos suntuosos de Racine, ele não corresponde à Ariadne antiga, que prefere a cólera à tristeza e a ação à paixão.

De fato, eis o que ela diz através do poeta Catulo:

Não, a morte não extinguirá a chama de meus olhos nem meu corpo exausto perderá a força de sentir sem que eu peça aos deuses o justo castigo daquele que me traiu e invoque, em meu derradeiro suspiro, a proteção dos deuses. Vós, Eumênides, que perseguis com penas vingadoras os crimes dos homens, vós cuja fronte, coroada por uma cabeleira de serpentes, expressa as cóleras que abrasam vosso peito, vinde até mim! Vinde depressa escutar as queixas que em minha desdita sou forçada a lançar do mais profundo de minha carne, como mulher desprovida de tudo, abrasada, desnorteada por um furor cego. Visto que essas queixas são sinceras, visto que vêm do fundo de meu coração, não deixeis impune minha morte: Teseu levou o esquecimento ao ponto de abandonar-me nesta solidão; que por um esquecimento idêntico, ó deusas, ele cause sua desgraça e a dos seus! (Poesias, 64).

Ainda mais numerosas são as versões em que Ariadne sobrevive. Sobrevive aos perigos da ilha e também ao rompimento com Teseu. Ela substitui Teseu por Liber, o deus romano da festa e da embriaguez[11], que a toma como esposa legítima; e, para que ambos possam festejar juntos por mais tempo, o deus a torna imortal. Na ilha silenciosa ressoam os jubilosos cantos festivos de um casamento cujos convidados são os deuses. Para selar a união, Baco lança para o alto sua coroa, cujas pedras preciosas se tornam estrelas e iluminam para sempre a abóboda celeste. Ariadne divinizada, esposa de Liber, torna-se então Líbera, a Livre. Mais uma vez nossos clichês e ideias pré-fabricadas voam em pedaços: representado pelos artistas, incensado pelos escritores, presente em grande número de afrescos e sarcófagos, o casal Ariadne-Baco aparece como modelo do amor conjugal ao longo de toda a Antiguidade: a união livre e consensual de duas liberdades, Liber e Líbera.

---

11. Liber ou Baco é o equivalente romano do deus Dioniso.

AS LÁGRIMAS
DE PENÉLOPE

Rainha de Ítaca
Esposa de Ulisses e mãe de Telêmaco

Adoro Brassens[12]. Admiro muitíssimo a audácia e a elegância de uma rima como "Pénélope/ interlope[13]"; mas reduzir a rainha de Ítaca à cara-metade ideal cuja "felicidadezinha sossegada" somente "lindos pensamentos equívocos" vêm perturbar é tão inútil quanto tentar fazer um círculo caber num quadrado: Penélope tem muito mais de fera que de "grilo do lar", a não ser que os grilos saibam rugir. Não há nada pequeno nem dócil na heroína que com muito esforço próprio mantém a casa de Ulisses

---

12. Georges-Charles Brassens (1921-1981), renomado autor de canções, compositor e escritor francês, de tendência anarquista e provocativa. [N.T.]

13. Ou seja, Penélope equívoca. A canção «Pénélope» sugere que, enquanto ela tece à espera de «um Ulisses suburbano», talvez sonhe com uma aventura amorosa que seria apenas uma «falta banal», um «pecado venial». [N.T.]

durante mais de vinte anos – vinte anos de solidão, de inquietudes e desditas, vinte anos de lágrimas, dúvidas e tristeza. A vida de Penélope é atroz; qualquer uma em seu lugar cederia à tristeza, à depressão ou aos avanços dos pretendentes; qualquer uma teria sucumbido ou se deixado abater.

Sua existência execrável é de chorar e, em Homero, Penélope chora todas as lágrimas que tem, a ponto de desfigurar o rosto, só saindo de seu quarto para pedir aos aedos que não cantem o retorno dos outros chefes guerreiros quando seu Ulisses está ausente. Ninguém compreende tanto sofrimento, nem mesmo seu filho, Telêmaco, que a manda voltar aos trabalhos de agulha em seus aposentos, nem mesmo sua criada, que revela aos pretendentes o estratagema de Penélope: para que aguardem com paciência, toda noite ela desfaz o que prometeu tecer para seu sogro. Quando terminar esse trabalho, escolherá um novo esposo, um novo rei, ou seja, admitirá a morte de Ulisses. Os rumores tornaram o trabalho de Penélope uma tapeçaria, autorizando o jogo de palavras conveniente de uma Penélope fazendo tapeçaria, mas a realidade é outra: o que ela confecciona é uma mortalha, destinada a seu sogro já velho, *memento mori* de um mundo que se vai, juntamente com sua felicidade e sua juventude.

A situação de Penélope é crítica: sem governante claramente designado, o reino está indo por água abaixo. Ao contrário de Clitemnestra (sobre essa rainha, cf. p. 199), Penélope não governa. Em vinte anos a situação foi se degradando, caminhando para o caos, tanto que no início da *Odisseia* Ítaca está em completo alvoroço. O palácio está ocupado pelos pretendentes, que estão prestes a arruiná-la e a seu filho, e Penélope não tem ninguém para ajudá-la. Ulisses e Telêmaco podem contar com Atena; Penélope está sozinha, sozinha tecendo uma mortalha num palácio à beira da explosão. Só tem a si mesma, sua resistência e sua inteligência. Nunca enfraquece, nunca desiste ou se entrega. Mesmo a Ulisses pede provas quando ele retorna, pois Penélope é tão astuta quanto seu esposo, e mais fiel[14]. Sozinha – não por opção, como Circe –, uma presa cercada de predadores de todos os tipos, sexuais ou políticos, não ou mal aconselhada, Penélope resiste firme, inflexível apesar de atingida em seus sentimentos mais profundos e atormentada pela angústia. Heroína infeliz, por isso mesmo Penélope é ainda mais fascinante.

---

14. Exceto no comentador latino Sérvio, que imagina Penélope «testando» fisicamente todos os pretendentes, experimentando-os um a um e em grupo, numa gigantesca noite de orgia.

MEDEIA SEM COMPLEXOS

Princesa da Cólquida
Sobrinha de Circe
Maga e assassina

Nos anos 1950, a psicanálise tentou introduzir um "complexo de Medeia", mas ele não teve a mesma sorte que o complexo de Édipo: primeiramente porque não é Freud que quer, em segundo lugar e principalmente porque Medeia – e é isso que a torna tão surpreendente para nós – não tem complexo algum, é a impunidade encarnada, com toda sua beleza e crueldade.

Vivemos numa sociedade que se diz em vias de feminização, na qual as vozes femininas se fazem ouvir cada vez melhor (e, esperemos, são cada vez mais escutadas). E entretanto, a liberdade e a falta total de culpabilidade de Medeia nos são praticamente incompreensíveis. Se observarmos as numerosas reinterpretações, muitas delas geniais, ou as análises, às vezes laboriosas, do mito de Medeia, vamos vê-la descrita como "mãe culpada", como "vítima" do sistema, do amor, de Jasão, como "louca", como psicopata, como mulher apaixonada, perversa e desiludida que usa os próprios filhos para ferir seu ex (Jasão), como exilada, como humilhada – retratos fascinantes, mas que revelam mais sobre suas épocas do que sobre o mito.

Na Antiguidade, Medeia, apesar de todos seus crimes, permanece *ferox* e *invicta*, nas belas palavras de Horácio. *Ferox* não significa "feroz"; é o que se costuma chamar de um "falso amigo". Em vez disso, a tradução da expressão seria "altiva e invencível" ou "intrépida e invicta" – *invicta* tem os dois sentidos.

A longa lista e a tenebrosidade de seus crimes torna sua impunidade ainda mais inacreditável e, para nós, até mesmo inaceitável e chocante: ela atraiçoa seu pai uma primeira vez ao auxiliar Jasão a domar os touros furiosos do rei e, depois, ao vencer o exército de mortos que brotam do solo. Para roubar o velocino de ouro, mata o dragão sagrado que o guarda, antes de fugir em companhia de Jasão e dos argonautas, quando então mata e desmembra seu próprio irmão para retardar a frota paterna que a persegue e que se põe piedosamente a recuperar aqui e ali, na água, os pedaços do jovem herdeiro. Atraiçoa a ordem divina das magas ao não ouvir os conselhos de Circe, sua tia, que deseja fazê-la romper a união com Jasão. A fim de conseguir que ele ocupe o trono, faz as próprias filhas do rei Pélias o matarem, graças a um estratagema odioso: convence-as de que, para devolverem a juventude a seu pai, devem despedaçá-lo e cozinhá-lo no caldeirão mágico no qual ela acaba de transformar um carneiro velho em cordeirinho. Forçada a fugir mais uma vez, Medeia vai para Corinto com Jasão e os filhos de ambos; mas Jasão pretende casar com a filha do rei, o que equivaleria a condenar sua primeira esposa e os filhos ao exílio ou a uma vida de escravos. Ela então assassina o rei de Corinto e a princesa, por meio de uma coroa mágica oferecida por seus filhos; em seguida mata-os, segundo a insolente peça de Eurípides, ou esconde-os no santuário de Hera, segundo outras versões. Em ambos os casos, Medeia foge, gloriosa, *deus ex machina* (*dea ex machina* mereceria ser inventado para a ocasião) de seu próprio destino, levada pelo carro do Sol.

Traidora de sua família, de sua pátria, até mesmo de sua magia, ladra, matadora, sacrílega, fugitiva, envenenadora, terrorista, fratricida, regicida e, dependendo da versão, infanticida – não há crime que Medeia não tenha cometido, exceto talvez a falsificação de moeda (mas ninguém sabe que fim levou o velocino de ouro depois da morte de Péleas). Entretanto, nunca veremos nem sombra de um arrependimento, de um remorso, de uma Erínia ou de uma serpente sibilando na cabeça da maga: ela assume seus atos de ponta a ponta, até os sofrimentos e as represálias que eles provocam tanto para si como para os outros. Medeia é plenamente responsável e nunca procura alguma desculpa. Para nós, o mais forte, o mais espantoso é que nem os deuses nem os homens a condenam sem perdão: Édipo furou os próprios olhos por menos que isso, Orestes roído de remorsos é um amador ao lado da perfídia de suas vinganças.

A mitologia está repleta de homens, heróis e deuses punidos até o infinito por um único crime, às vezes por um único momento de *hýbris* (de desmedida). As danaides, Sísifo, Agamêmnon condenado a sacrificar sua filha, Níobe transformada em pedra: é longa a lista daquelas e daqueles que pagam caro as consequências de seus atos, e os deuses não estão isentos. Por exemplo, Fáeton, filho do Sol, é fulminado por Zeus por ter usado abusivamente o carro do pai (ao passo que Medeia foge triunfalmente no mesmo carro). Dessa justiça implacável, os mais afortunados obtêm o perdão, após pesados tormentos, como Édipo e Orestes; mas a maioria continua a apodrecer entre os danados dos Infernos.

Não só Medeia não sente arrependimento algum como também os outros, a cidade e os deuses não a acusam. Ao contrário, depois de todos seus crimes – e antes de cometer outros – ela é acolhida por Egeu em Atenas, a cidade do direito, das leis, da democracia, colocada sob a égide da deusa da sabedoria.

Odiosa, ignóbil e não culpada: nem nos cárceres dos homens nem nos dos deuses veremos a sombra de Medeia, e menos ainda nas notícias da atualidade que regularmente querem disfarçar a maga de Violette Nozière ou outra Véronique Courjault[15] . A criminosa continua à solta, pois ninguém doma nem captura essa que é, para sempre, *ferox* e *invicta*.

Toda vez que a "culpa" for plena, que o peso da carga mental, dos deveres e responsabilidades se tornar insuportável, venham da noite dos tempos os sortilégios de Medeia explodir os grilhões da culpabilidade!

15. Em 1933, Violette Nozière, 18 anos, envenenou os pais a fim de obter dinheiro para o namorado; o crime é tema do filme homônimo, de Claude Chabrol. Em 2009, Véronique Courjault confessou ter matado três filhos recém-nascidos, depois de esconder do marido suas gravidezes [N.T.].

V

AS QUE
DIZEM "SIM"

Se há muitas maneiras trágicas de sacrificar uma mulher, na mitologia não é porque ela tenha enganado o seu ou a sua cara-metade: como na canção de Georges Brassens, os poetas não jogavam pedras na mulher adúltera; um deus está atrás, frequentemente mais bigodudo do que Brassens[16]. Extra-conjugais, legítimas, temporárias ou eternas, todas as uniões são permitidas, felizes, com uma única condição: o consentimento mútuo.

16. Trata-se da canção "À l'ombre des maris" (À sombra dos maridos), cujo refrão em português seria: "Não joguem pedra na mulher adúltera, eu estou atrás". Cf. nota 12, p. 113 [N.T.].

LEDA VOLÚVEL

Rainha de Esparta
Esposa de Tíndaro
Mãe de Helena, Clitemnestra, Cástor e Pólux

Recentemente, um estudo científico demonstrou que gêmeos podiam ter pais diferentes; a mitologia já havia intuído isso há muito, antes mesmo dos tempos heroicos da guerra de Troia.

Como anunciar que "esse filho não é teu"? Tantas dúvidas, tantos dramas, fictícios ou reais, se enrolam em torno dessa pergunta. Algumas mulheres da mitologia não têm medo de caretas e ousam confessá-lo. Cabe a seus esposos acreditar nelas sem se melindrarem demais, começando por Hefesto, casado com Afrodite, a deusa do amor, que não é a menos volúvel.

Leda, esposa do rei de Esparta, Tíndaro, é uma adúltera famosa e matreira. Existem duas versões de sua história. Numa dela, Nêmesis, divina e implacável justiceira encarregada de castigar quem der mostra de *hýbris*, é perseguida por Zeus, que quer possuí-la, à força, se preciso. Para escapar de seu amplexo, ela se transforma em gansa selvagem e foge voando rápida. Não seja por isso: a conselho de Afrodite, Zeus assume a aparência de um cisne para seduzir a deusa. Com essa aparência, a gansa Nêmesis consente em unir-se ao majestoso cisne Zeus. Disso nasce um ovo, que ela não pretende chocar. Confia o ovo a Leda, e alguns meses depois Helena sai da casca. Na segunda versão, é a própria Leda que põe mãos à obra, unindo-se a Zeus em forma de cisne, antes ou depois de casar com seu esposo, Tíndaro. Dá à luz quatro filhos de dois pais diferentes: Helena, Cástor, Pólux e Clitemnestra.

Seja qual for a variante escolhida, nossos olhos modernos se arregalam ao ler essa história com jeito de palhaçada, quase tanto quanto ao contemplarem os inúmeros afrescos, mosaicos, pinturas e esculturas que mostram Leda entregando-se ao cisne – sem dúvida, a mulher nua mais representada desde a Antiguidade, especialmente por Leonardo da Vinci, Dalí, Cézanne e Brancusi. Que destino a mitologia reserva à mulher adúltera?

Qual foi a reação do marido de Leda, Tíndaro? Nós o imaginaríamos possesso, furioso por ser traído. Seu orgulho é ferido duas vezes: na primeira vez, ao ser visto como um ingênuo capaz de engolir um sapo maior do que um cisne, na segunda ao saber que sua mulher dormiu com outro um pouco antes dele. Tíndaro é duplamente ultrajado: nas palavras, ou nos atos, ou mesmo em ambos. Nessa história de aves domésticas, ele é o pato da farsa. Entretanto, não se vinga nem protesta. Esse rei se ocupa das quatro crianças por igual. Quando se trata de casar a bela Helena, é ele que tem esta ideia luminosa: fazer todos os pretendentes de sua filha assinarem um pacto de não-agressão, pacto que passou para a posteridade com o nome de "juramento de Tíndaro" e que está na origem da unidade grega antes da guerra de Troia. Às vezes a velha mitologia está adiante de seu tempo e mesmo do nosso: esperemos que a sabedoria de Tíndaro esteja ao alcance dos maridos ciumentos ou enganados do século XXI.

Neste livro evocamos com frequência as figuras femininas da mitologia; isso não deve em absoluto encobrir que ela está repleta de homens admiráveis e nem todos eles são heróis. Para terminar, um detalhe que é mais do que engraçado: "Leda" deriva de uma palavra lícia (um dos dialetos gregos) que significa "a esposa". Assim, Leda é a esposa por excelência: ela, que se entrega sem hesitação nem remorso. Quem, trinta séculos depois, ousará seguir abertamente seu modelo?

HELENA ARREBATADORA

Na origem da guerra de Troia

Filha de Leda e Zeus

Esposa de Menelau,
amante de Páris

Quem é a mais bela?

Helena não precisa de espelho para saber que é ela, e essa autoconfiança basta para torná-la admirável. "Quando a temos diante de nós, tem extremamente o ar das deusas imortais", nos diz Homero a respeito de Helena. É tão magnífica que todos ficam subjugados: homens, mulheres, anciãos, ela seduz de 7 a 77 anos e mesmo suas cinco sogras estão enfeitiçadas. Helena é a beleza encarnada, o que na Grécia antiga não é um detalhe insignificante e sim, ao contrário, o poder absoluto. Vamos guardar nossas espadas, nossos halteres, passar sombra nas pálpebras e ouvir a história de Helena, a mulher mais bela do mundo.

Nós, que fizemos do culto à beleza uma montagem de superficialidade, frivolidades e frioleiras, seríamos julgados criminosos pelos gregos antigos. Como pudemos deixar a beleza tornar-se plástica, degradando-a ao nível da aparência, destinada a satisfazer fantasias, que por definição são simplistas e imaginárias? Na Antiguidade, a beleza é coisa séria, uma maravilha tão rara quanto frágil, venerada, temida e respeitada tanto pelos homens como pelos deuses. Nada lhe resiste; somente o tempo consegue prejudicá-la. Um ditado antigo dizia: "Um pelo basta para cortar o amor em dois", significando que esse equilíbrio tão sutil da beleza pode romper-se a todo instante, como o fio da vida que as Parcas fiavam e cortavam. A beleza prevalece sobre a justiça e mesmo sobre a verdade humana: Frineia, uma cortesã passível de pena capital no tribunal, teria ganhado seu processo simplesmente desnudando um dos seios. A beleza é poderosa, profunda e mesmo onipotente e, embora não seja somente feminina, é um privilégio majoritariamente das mulheres: há homens muito belos, mas nunca tanto quanto suas consortes, precisamente por causa de sua masculinidade. A estatuária clássica representa-os com sexos reduzidos, por amor à estética. Reduzimos esse poder, tão essencialmente feminino para os gregos, ao mínimo, a uma questão de aparência; e, como se não bastasse esvaziá-lo de sua substância, ainda lhe impusemos normas quantificadas e delimitadas no tempo. Nunca se faz menção das medidas de Helena nem de sua idade. A beleza de Helena é como a verdade: eterna e compreensível por todos.

Para comprovarmos isso, comparemos nossas eleições de Miss França, Miss Mundo, Miss Universo com o julgamento de Páris. As três deusas principais do Olimpo – Afrodite, Atena, Hera –, todas magníficas, como todos os deuses, desejam saber qual delas três é a mais bela; ninguém, nenhum deus ousa desempatá-las, tão grande é o desafio e tão temíveis são suas cóleras. A decisão, impossível de ser tomada, é entregue ao acaso. Ele assume o amável rosto de Páris, um príncipe troiano jovem e inocente que tem como única paixão... suas cabras. Atena lhe oferece triunfo na guerra, Hera, supremacia política, Afrodite lhe promete o amor de Helena. Páris não hesita sequer um instante, mergulhando o mundo dos deuses e dos homens em dez anos de guerra, dez anos de errância. Vemos aí um concurso de beleza que mudou o destino dos gregos por várias gerações e deu origem às obras-primas que são a *Ilíada* e a *Odisseia*, bem como a uma ampla maioria do teatro não só antigo mas mundial, de Racine, Shakespeare, Goethe até nossos dias. São esses o preço e o poder da beleza.

Para compreendermos bem que a beleza antiga não é só um ornamento, primeiramente vamos limpá-la dos clichês e artifícios com que a arrebicamos. Ao contrário de nós, que temos colada na memória a ideia de que as qualidades físicas são atribuídas em detrimento das qualidades intelectuais, a beleza não vem em detrimento da inteligência: nada do lugar-comum "bonita burra", nada do bordão "seja bela e cale a boca". A beleza está ligada a outras qualidades, e são qualidades morais. A realização espiritual, a completude humana se diz em grego *kalós kagathós*, "belo e bom": o belo, *kalós*, precede e gera o bem, *agathós*. Em outras palavras – surpreendentes para nós, que temos uma visão superficial da beleza –, bondade e beleza andam juntas. A beleza suscita a generosidade, a virtude, o heroísmo. Qualidade divina, ela possui um poder civilizador absolutamente universal, tanto quanto destruidor, um poder muito maior do que a força, a glória, a astúcia ou a retórica. É isso, e mais ainda, que o mito de Helena de Troia nos conta.

Para nós, Helena foi sempre a heroína que deu origem à guerra de Troia, a ancestral antiga da mulher fatal por meio da qual advêm a desgraça e a morte; mas na realidade sua história é muito mais rica e também instrutiva. Em primeiro lugar, Helena de Troia nem sempre se chamou assim, mas Helena de Esparta, sua cidade natal, onde um culto a honrava como deusa. Como vimos (p. 125 ss.), há várias versões sobre seu nascimento: seria filha de Leda ou de Nêmesis. Em ambos os casos, é a semideusa gerada por Zeus. Ao passo que um grande número de semideuses foram concebidos por Zeus, Helena é a única mulher de quem ele aceita ser chamado de pai. Entre seus outros filhos semimortais, tem tanta preferência por Helena que, se dá ao filho Héracles a força que permite exercer o poder sobre os outros pela coerção, reserva para a filha a beleza que exerce seu império naturalmente, inclusive sobre a força – argumenta Isócrates em *Elogio a Helena* (§ 16), um panfleto em que o autor se desafia a defender a causa dela.

Héracles pode preparar seus bíceps, Aquiles, sua coragem, Ulisses, sua persuasão: a beleza de Helena derrota e sobrepuja tudo. Mesmo os anciãos de Troia, cheios de horror ao ver dizimados seus filhos e netos, de desalento por assistirem ao fim de sua cidade devastada, pilhada, reduzida a nada, inclinam-se ante a beleza de Helena: "Não, não é vergonhoso para os troianos e os aqueus de fortes cnêmides se, por uma mulher como essa, sofrem tão longos males", pondera Homero (*Ilíada*, III, 156-7).

Na mitologia, frequentemente os nomes são ricos em sentido. O de Helena, em grego, está ligado ao significante "arrebatar" (*eléin*)[17]: Helena, a arrebatadora, é aquela que arrebata os corações, os homens, os navios levando os soldados que vão à guerra para conquistá-la. Helena arrebatadora é também a que é arrebatada, sequestrada pela primeira vez quando é apenas uma menininha. Educada como uma princesa espartana – ou seja, um pouco melhor que em outros lugares (por exemplo, as espartanas têm o direito de praticar esportes) –, ela cresce tanto em beleza que antes mesmo dos 10 anos seu nome já é famoso em toda a Grécia. Teseu, o rei de Atenas, depois de raptá-la, acaba colocando-a à força sob a tutela de sua

---

17. Outras hipóteses foram formuladas, ligando o nome Helena ao termo que significa "tocha" ou "Lua".

mãe, Etra. Os irmãos de Helena, Cástor e Pólux, encontram-na e raptam-na de novo – ela não estava tão mal junto de Teseu – para levá-la de volta a Esparta.

Receando novos raptos, seu pai Tíndaro resolve casá--la rapidamente. Os chefes das ilhas e cidades de toda a Hélade afluem em tão grande número que o rei teme uma guerra sem trégua assim que for escolhido um e não outro. Para evitá-la, convoca em assembleia os pretendentes, e os faz jurar que prestarão assistência mútua em caso de conflito. Nasce assim a primeira unidade da Grécia, graças a Helena, a arrebatadora. A escolha – por ela mesma, segundo algumas versões – recai em Menelau, que, outro fato digno de nota, se torna rei de Esparta, pois Tíndaro abdica em seu favor. Helena dá a Menelau a realeza sobre uma das cidades mais poderosas da Hélade e a primeira cidade política. Graças a sua beleza nasceu o país dos helenos. É verdade que não há uma ligação etimológica reconhecida, mas a homofonia é agradável demais.

Alguns anos depois, Páris vai de Troia para Esparta, seguro de que Afrodite cumprirá sua promessa. Menelau está ausente e, em uma noite, Páris seduz Helena. A rainha abandona tudo, filho, lar, família e realeza para seguir esse que ela pensa ser um simples pastor. Mesmo que se trate apenas de um acesso de paixão, mesmo que um dia volte para Menelau, ela é capaz de deixar tudo, de mudar tudo para seguir seus sentimentos. A rainha se desfaz de todos os confortos e convenções sociais para harmonizar a vida com o coração. Quando os dois apaixonados chegam a Troia, toda a Grécia já declarou guerra. Os troianos aguardam a chegada por mar de Menelau e de todos os heróis com que a Hélade conta. O rei Príamo e a rainha Hécuba, embora sabendo que o conflito vai provocar a destruição de sua cidade e a morte de seus filhos, rendem-se diante da beleza Helena. Quando reencontra a esposa, após vários anos de guerra e de aventuras no mar, Menelau nem por um momento lhe mostra ressentimento. Tampouco a cidade de Esparta, que, quando a rainha morre, concede-lhe o tratamento dado aos heróis, construindo-lhe um templo e honrando-a com um culto. O mesmo fazem outras cidades, como Quios, Argos, Amicleia e Rodes. Ao morrer, Helena vai para a Ilha dos Bem-Aventurados, o lugar mítico onde ficam os heróis e todos aqueles de essência divina, que nunca estão realmente mortos, pois a grandeza de seus feitos faz com que continuem a viver em nossa memória. Prova disso: Helena, a personagem literária, morreu há trinta séculos e nós ainda a conhecemos, certamente melhor até do que um Aquiles ou um Heitor.

Na Antiguidade a personagem Helena fascinava, não por ter seus segredos de beleza e sim pela extensão de seu poder e por sua ambivalência. Sócrates (e outros depois dele) conta, no diálogo intitulado *Fedra*, que Helena é que teria cegado Homero, a fim de puni-lo por contribuir para manchar sua reputação. Outro poeta, chamado Stesícoro, teria recebido o mesmo castigo por parte de Helena, que teria lhe devolvido a visão depois que ele escreveu um poema elogiando-a, anulando as críticas que escrevera antes. Efetivamente, não faltam na Antiguidade elogios a Helena (essa é inclusive uma passagem obrigatória dos estudos de retórica e filosofia), e mesmo Sócrates cede, expressando uma ideia essencial do pensamento platônico, em particular, e do pensamento grego, em geral: a beleza humana é a imagem da beleza em si, o amor a ela é a saudade da beleza ideal, que conduz ao bem e à verdade. Encarnando-a, Helena e todas aquelas e todos aqueles que, depois dela exibirem uma parcela de beleza, doam aos outros a possibilidade de acesso à verdade.

O poder da beleza de Helena é tão grande que alguns a veem como uma maga, tão talentosa que teria fabricado um simulacro de si mesma. Esse duplo é que Páris teria raptado e que teria ido para Troia, enquanto a Helena verdadeira, a maga, teria se refugiado no Egito. Menelau e ela um dia se reencontram lá e voltam juntos para Esparta. Como Circe, Helena é maga, mas, ao contrário desta, sua magia não é negra, mas branca.

A beleza ideal não se altera nem envelhece, mas o que acontece com a beleza encarnada? Vinte anos após o fim da guerra, Telêmaco vai à Lacedemônia[18] em busca de seu pai, Ulisses. A beleza de Helena está intacta, mas sua sabedoria e sua bondade aumentaram. Ela revela a Telêmaco que fora a única a adivinhar o estratagema do cavalo de Troia. A evocação das desditas daquela guerra traz luto à alma de todos, mas Helena acalma os corações com sua

18. Outro nome de Esparta.

eloquência e verte nas taças um filtro chamado nepentes, conta Homero:

> Entretanto a bela Helena, filha de Zeus, imaginou outro modo. Misturou ao vinho da cratera uma substância que dissipava a tristeza, serenava a cólera e fazia esquecer todos os males. (Odisseia, IV, 219ss.)

E o poeta acrescenta:

> Quem beber uma taça cheia desse vinho não consegue derramar nem uma única lágrima durante o dia todo, ainda que veja morrer seu pai ou sua mãe, ou ainda mesmo que em sua presença degolem seu irmão ou seu filho bem-amado.

Quem nunca se sentiu imediatalmente acalmado pela imagem da beleza?

Longe do clichê da bonita burra ou da mulher fatal, o destino de Helena nos conta que nada é tão poderoso quanto a beleza, nem tão pesado de carregar: um dia Helena suicidou-se.

O NÉCTAR DE CALIPSO

Ninfa
Filha de um titã, vive na ilha oculta de Ogígia

Uma das grandes forças da mitologia, que a torna tão próxima de nós, é que as divindades não são menos infelizes do que os seres humanos. Elas conhecem especialmente o amor não compartilhado, essa ferida no coração e na autoestima. Calipso, a ninfa de belos cabelos cacheados, ama Ulisses e mima-o já há sete anos. Recolheu o náufrago e hospedou-o em sua ilha secreta chamada Ogígia, uma ilha escondida e paradisíaca, plantada de "amieiros, álamos e ciprestes perfumosos", recendendo a cedro e a pinheiro mais ao longe, e cujos únicos habitantes são os pássaros. O herói da *Odisseia* precisa apenas estender o braço para desfrutar da onda pura que surge diante da caverna da ninfa. Precisa apenas abrir a boca para saborear as uvas de um vinhedo cheio de cachos maduros. No interior da gruta mítica e ideal, já há mais de sete anos a ninfa vem lhe oferecendo, além de abrigo e alimento, o calor de seus braços e o frescor de sua boca, pois, como todas as ninfas, Calipso é de uma beleza assombrosa. Ao lado dela em sua ilha, há todo o necessário para viver de amor e água fresca. Entretanto, a deusa não está contente. Daqui a um século, daqui a mil, se ela ainda o amar, Ulisses nada mais será que uma sombra fria, uma lembrança simultaneamente dolorosa e calorosa. Poderia invocar um olímpico para pedir-lhe ajuda, mas sabe que é melhor não confiar: a deusa de dedos cor de rosa, Aurora, viu seu amor eterno se encarquilhar até se tornar um gafanhoto; a sibila de Cumas não passava de uma voz alquebrada depois de viver todos os anos que obtivera de Apolo.

Fada do lar, Calipso é um prodígio na cozinha: para todas as ocasiões tem a receita certa, maquiavélica. Há vários modos de tornar-se imortal; entre eles, a alimentação. Os homens são "comedores de carne" ou "comedores de pão"; os deuses alimentam-se da fumaça dos sacrifícios, de néctar e ambrosia – ingredientes com que ela elabora para Ulisses um pratinho imortal, a fim de garantir-lhe, futuramente, juventude e saúde ilimitadas.

Como fazer néctar? Os ingredientes são simples, mas o essencial está no jeito, que tem de ser divino. As instruções nos textos antigos são vagas. Homero diz que ele é vermelho; Aríston, alguns séculos mais tarde, dá uma receita um pouquinho mais completa: é preciso vinho, favos de mel e flores de perfume agradável. Para colhê-las na ilha de Ogígia, Calipso pode escolher entre violetas e a salsa, que ao crescer se cobre de florzinhas brancas. Mas cuidado para não confundi-la com a cicuta-dos-jardins, parecida com ela, exceto pela fina lingueta sob as flores e também pelo odor nauseabundo que exala ao secar. O essencial é que a mistura seja um pouco consistente, semelhante ao nosso néctar de frutas, pois substitui refeições e também pode servir de unguento.

Mas Ulisses é um *bon vivant*, um apreciador de carne e um bebedor de vinho, eventualmente com um pedaço de queijo, pouco propenso a seguir o regime que a ninfa lhe propõe. Um *bon vivant* é, por definição, mortal: Ulisses recusa o néctar divino e, simultaneamente, a imortalidade.

Sete anos, para quem é mortal, já é demais: faz muito tempo que Ulisses deixou de estar apaixonado. Anseia por voltar para casa, reencontrar sua esposa e, sem dúvida, o alimento menos virtuoso dos mortais – em todo caso, aquele que garante a ida para o reino dos mortos.

Em vez de jogar-lhe na cara a taça de néctar, tudo o que ela fez por ele, seu sofrimento e seus ressentimentos, Calipso ajuda esse companheiro agora inútil a partir. "Neste momento pensas em ir embora: então adeus, apesar de tudo!" (*Odisseia*, V, 206); ela o deixa para que ele a deixe sem sentir remorsos, e mesmo o ajuda a fabricar uma canoa e a tecer sua vela; fornece-lhe os víveres e indica-lhe o caminho, depois de uma derradeira noite de amor. À representação distorcida que temos da mulher abandonada, destruída e às vezes destruidora, Calipso contrapõe o respeito à liberdade – à de Ulisses, mas também à sua – e o domínio de si mesma e de seu espaço ao expulsá-lo de sua ilha: "Se já não me amas, some de minha frente, some de minha vida!", parece dizer-lhe a ninfa ao empenhar-se tanto em facilitar sua partida.

Na *Odisseia*, deuses e seres humanos choram muito e com frequência, notadamente Ulisses, que Calipso encontra aos prantos na praia. A ninfa, por sua vez, não derrama uma só lágrima, mas compartilha com seu amante uma última noite de prazer. Sem *rancor* e sem azedume, a ruptura de Calipso é irrepreensível.

ALCÍONE APAIXONADA

Filha de Éolo
Esposa de Céix

Alcíone é uma bela desconhecida. Seu mito só é familiar a alguns eruditos e aos apaixonados pela graciosa Villa Kérylos[19], que lhe deve seu nome. O feminismo não proíbe as belas histórias de amor; não é sinônimo de misandria – a aversão aos homens, triste contraparte da misoginia e que, como ela, existe. Tampouco é embebido em azedume e decepções nem em desforra das lesões emocionais passadas, segundo o velho clichê rançoso que pinta os desgostos sentimentais e/ou profissionais como

---

19. Em grego, *kerylos* designa a alcíone ou a andorinha do mar. [N.T.: Villa Kérylos, na Riviera, é uma *villa* em estilo grego construída em 1900 e arrolada como monumento histórico pelo Ministério da Cultura francês.]

fundo do feminismo, que seria a reação inconsciente a eles. Visto que o inconsciente é invisível (como, com excessiva frequência, as mulheres) e incomprovável, esse é um modo cômodo de minar o feminismo, submetendo--o a um julgamento da intenção. A mitologia nos mostra que, ao contrário, o feminismo está entretecido das mais belas histórias de amor, como a de Alcíone, genialmente narrada por Ovídio, poeta que um dia certamente será reconhecido também como feminista.

O esposo de Alcíone, Céix, pretende sair da longínqua Tessália para ir ao santuário de Apolo consultar o oráculo. Alcíone tem um mau pressentimento e exige que seu esposo não embarque. Ele a tranquiliza, mas não lhe dá ouvidos. O navio parte; na margem, Alcíone perscruta até perdê-lo de vista. Desfalece assim que a vela desaparece no horizonte, fugindo de seu olhar. Quando recobra os sentidos, o céu e o mar estão cor de chumbo. Os gritos dos pássaros voltando ao porto precedem os gritos das ondas explodindo na praia e dos marinheiros amedrontados, pois uma terrível tempestade se formou, imprevisível como costumam ser no Mediterrâneo. Ao largo, o barco de seu esposo luta valentemente com os vagalhões, mas o combate é muito desigual. O barco de Céix se transforma em destroços e afunda nas ondas. Céix é o último a ser engolido; "Alcíone" é a derradeira palavra que pronuncia.

Em terra, todo mundo sabe que Céix está morto; Alcíone também sabe, mas não acredita. Todo dia, incansavelmente, vai rogar a Juno que zele por seu esposo que vai retornar, mas não retorna. Juno se compadece dela e manda a mensageira Íris ir colher nos braços de Morfeu um sonho para prevenir Alcíone. No dia seguinte, ao despertar, ela continua a procurar a seu lado o marido a quem viu, lívido fantasma, anunciar-lhe que não já não era deste mundo.

Alcíone daria tudo para ter novamente o sono que lhe devolveu o esposo – um sono eterno que ela vai buscar na praia, disposta a suicidar-se. Entretanto, o horizonte lhe dá uma pontinha de esperança: um corpo que nada ao longe; imediatamente, Alcíone se convence de que é Céix. Mas o corpo deriva ao sabor das ondas. Alcíone compreende que se trata de um cadáver; não consegue parar de olhá-lo. Depois se lança na água, gemendo o nome do esposo. O som se torna o canto lamentoso da alcíone, pássaro maravilhoso que nos deu em francês a bela palavra que significa "alcioniano" para designar o estado de calmaria especial que pode reinar no mar, tão sereno que a alcíone faz seu ninho sobre ele. Essa mesma serenidade reina no coração de quem estiver sinceramente apaixonado. Alcíone-alcíone se posta perto do cadáver, amorosa e fiel. A força de seu amor comoveu tanto os deuses que Céix foi trazido de volta à vida e também transformado em pássaro.

PSIQUÊ, ALMA HEROICA

Mulher de Amor
Mãe de Volúpia

Psiquê, em grego, significa "alma" – a alma como sopro vital que anima o mundo, tornando-o simultaneamente perecível e imortal. É representada com asas, leves como as da borboleta à qual deu nome. Em francês, desde o século XIX ela designa o espelho que nos reflete por inteiro, até a alma. E, graças a um autor africano chamado Apuleio, Psiquê é também a heroína fascinante do conto mais fascinante da Antiguidade.

Se vocês conhecem a história, sem dúvida têm na memória que Psiquê é uma filha de rei um pouco curiosa demais que, tendo o privilégio de ser amada por Cupido, o Amor (com A maiúsculo, um arco e asas), cede à curiosidade que compartilha com suas duas irmãs – e com a totalidade da condição feminina, pois, na mente de muitos, três mulheres são o suficiente para elaborar uma lei geral e genérica. De noite, sorrateiramente, embora o deus deva permanecer incógnito, ela olha seu esposo divino sem pedir permissão, pois naturalmente mesmo uma princesa deveria pedir autorização ao marido. Imediatamente Cupido bate asas e foge, abandonando Psiquê. Seu crime? Ver o rosto de seu encantador amante. Sua punição? Ficar separada dele para sempre ou reconquistá-lo após uma infinidade de provas que ela só vence graças ao auxílio de ajudantes, em sua maioria divinos e masculinos, tanto é verdade que uma mulher sozinha, ainda mais sendo princesa, não poderia fazer coisa alguma com seus dez dedos delicados. O *happy end* é proporcionado pela figura dominante e patriarcal por excelência, o rei dos deuses, Júpiter, que, apesar de senhor do raio e do trovão, reconcilia todo mundo e concede imortalidade a Psiquê. A história da bela princesa termina idealmente, com bodas suntuosas regadas a néctar, o vinho dos deuses, acompanhadas de cantos e danças e seguidas, alguns meses depois, por um bebê com o doce nome de Volúpia.

Se vocês não conhecem a história, não tem importância; ao contrário, talvez seja melhor, pois assim poderão descobrir com um olhar novo a divina coragem da maravilhosa Psiquê.

Psiquê é filha de um rei, bela e cobiçada; tem pais amorosos e duas irmãs más. Como cada qual se perpetua em seu ser, Psiquê fica cada vez mais bela e suas irmãs, cada vez mais raivosas. É nesse momento, nos contos mais ainda do que nos mitos ou na vida, que começam os problemas, na forma desagradável de um malefício, um luto ou uma madrasta. No caso de Psiquê, a maldição poderia não ter fim, pois provém da deusa do amor, Vênus, que é "inteiramente aferrada à sua presa", como a descreveu Racine. O erro dessa bela alma mortal é superar a mais bela das imortais, não tanto em beleza como na admiração que desperta. A beleza de Psiquê é tão impressionante que todos competem para honrá-la, para prestar-lhe culto como se fosse uma deusa, enquanto Vênus vê seus santuários ficarem desertos, seus templos se esvaziarem e as oferendas diminuírem. Um deus sem adoradores ainda é um deus? Um mortal que é cultuado é um deus? Essa é a primeira questão a que a bela Psiquê nos remete. Vênus não prefere fazer esse tipo de indagação e envia seu filho Cupido, o deus alado cujas flechas ferem os corações com um amor irreparável.

Apuleio não revela a decisão nem o estratagema de Cupido, mas deixa o leitor descobrir isso com Psiquê. Inquietos por não haverem encontrado um esposo digno da filha, seus pais decidem interrogar o oráculo; Apolo, "apesar de grego e jônico, dá a resposta em latim", destaca com humor Apuleio. Um oráculo não é divino se não for ambivalente; esse pede ao rei que abandone a filha no alto de um rochedo escarpado para que se aposse dela um demônio devorador que queima os corpos e os corações daqueles que abordar. Para quem já viveu a paixão amorosa, a identidade do demônio é evidente; mas um pai zeloso e preocupado raramente pensa nos folguedos tórridos da filha que ele imagina já morta.

Psiquê, ante essa primeira prova, se revela não só valente mas também perspicaz. A jovem princesa não é a única heroína antiga a aceitar a morte no altar do sacrifício – Ifigênia, Macária, Polixena a precederam –, mas compreendeu a razão e as causas desse sacrifício, que aceita: Vênus é a responsável.

E Psiquê, assustada e trêmula, se vê sozinha diante de seu fim, quando uma brisa suave a envolve e a carrega rumo ao desconhecido. Em vez de nos Infernos, desperta sobre relva macia, diante de um palácio feérico, e toma coragem para visitá-lo. Em meio a todo esse luxo e a essa suntuosidade, ela observa principalmente que nenhuma corrente, nenhum cadeado a retém prisioneira.

Altiva, corajosa, aventureira e sedenta de liberdade, Psiquê já se viu diante da morte; resta-lhe, nesse palácio, defrontar o Amor. E que Amor, um amor secreto e imenso que ela não pode ver nem revelar, nem mesmo a suas irmãs! Toda noite, na escuridão, ela tem encontro marcado com um amplexo desconhecido. Da pessoa misteriosa não conhece o nome nem o semblante.

Tudo caminha otimamente até que Psiquê pede para ver suas irmãs. Ela empreende, e consegue, a proeza de convencer não só um deus, mas o deus do Amor, obstinado e caprichoso como nenhum outro. Para perdição de ambos, a jovem poderá visitar as irmãs.

Somos confiantes demais quando estamos apaixonados. E de fato, maravilhada de felicidade, Psiquê não suspeita das irmãs nem escuta os conselhos de Amor: "Lá, lá longe, a Fortuna lança seus golpes. Deves ficar muito atenta, te protegeres, senão ela não tardará a te atacar corpo a corpo." As duas mulheres maldosas morrem de inveja ao ver sua irmã tão bela e, além de tudo, grávida! Incitam-na a desmascarar o esposo misterioso. Psiquê aquiesce, para grande infelicidade sua, e à noite olha, à luz de uma lâmpada, o rosto de seu Amor.

Habitualmente na mitologia, ver um deus com sua aparência verdadeira, "em majestade", provoca a morte extática e súbita. Mas não para a extraordinária Psiquê, que suporta deliciada o que provocaria a morte de qualquer mortal. Até que uma gota de óleo fervente cai da lâmpada e desperta o deus, que bate as asas e parte voando. Mais uma vez, mesmo que toda a tradição, enganada por representações mais contemporâneas, nos incitasse a ver em Psiquê o protótipo da mulher fraca abandonada se lamentando sobre seu destino funesto, é preciso destacar que, no texto de Apuleio, Psiquê, em vez de aceitar como vítima seu triste destino, ataca-o de frente e se agarra a Cupido enquanto tem forças. Quando já não é humanamente suportável seguir com o corpo, ela segue com o olhar seu Amor por tanto tempo quanto consegue e, quando nada mais é possível, mesmo para uma alma tão forte, não hesita um segundo: joga-se de cabeça no rio próximo. Não é uma pequena prova de amor e de audácia ter a força de um gesto como esse?

Muito se glosou a curiosidade de Psiquê: ah, a curiosidade, mania tão feminina, mesquinha, estúpida e deletéria! Mas acaso a curiosidade é tão diferente do apetite para o conhecimento? Basta enfeitá-la com a palavra "científica" para enobrecê-la. Consideremos também que, tanto em latim como em francês [e português], "curiosidade", esse defeito feio, vem de cura, o cuidado, o interesse que sentimos pelo que nos rodeia. E quem não gostaria de saber o que é o Amor?

Os mitos nos contam, com muita beleza, que Orfeu enlutado consegue com sua lira comover a natureza e os deuses. Já Psiquê não precisa dizer uma só palavra para que todas as divindades não só se tornem benevolentes mas também se apressem a socorrê-la, a começar pelo rio, que a salva da morte, envolve-a nas dobras de sua onda e deposita-a na margem; em seguida, Pan incentiva a jovem a reconquistar o esposo usando de doçura e complacência. Mas Psiquê não é dócil e, em vez de se lamentar ou de contar com blandícias e melosidades, começa por fazer justiça a si mesma matando suas duas irmãs. E não só não concebe remorso algum por isso como não tem de sofrer a justiça dos homens nem a dos deuses, escapando assim das ignominiosas erínias.

Depois, essa alma íntegra e sensível (*"simplex et tenella"*, escreve deliciosamente Apuleio) não hesita um instante em tornar-se uma aventureira. Imaginemos uma mulher muito jovem, grávida, solitária, percorrendo o mundo inteiro. Primeiro ela pede ajuda a duas deusas, Ceres e Juno; em seguida decide ir sozinha enfrentar Vênus, que, depois de mandar suas servas Inquietude e Tristeza a torturarem e de ameaçar matar a criança por nascer, lhe impõe uma série de trabalhos não menos heroicos que os de Hércules. Em vez das estrebarias de Áugias, Psiquê deve selecionar montanhas de grãos; em vez das éguas canibais de Diomedes, deve lidar com um rebanho furioso de animais com pelagem de ouro; em vez da hidra de Lerna, enfrenta dois dragões de olhar chamejante que vigiam a água do Estige, o rio que faz até os olímpicos tremerem e pelo qual prestam juramentos invioláveis.

Por fim, para trazer uma parte da beleza de sua rainha Proserpina, Psiquê desce aos Infernos, enfrenta valentemente Cérbero, Caronte e todos os manes lívidos que lá estão. Raros são os homens que desceram aos Infernos e ainda mais raros os que retornaram: apenas Dioniso, Hércules, Eneias e Orfeu (com o resultado que conhecemos), e nenhuma mulher. Assim, Psiquê é a primeira e a última mulher a descer aos Infernos, e a única a retornar. Mesmo as duas divindades que a precederam não conseguiram fazer a viagem completa. Proserpina, a deusa dos Infernos, foi raptada por Hades/Plutão e obteve permissão para passar na Terra seis meses por ano; a ninfa Eurídice, por causa de uma única olhadela de Orfeu, afundou neles para sempre.

E isso não é tudo. Depois de todas essas peripécias, Psiquê consegue o que nenhuma mulher e nenhum homem conseguiu: torna-se uma deusa. Lembramos que apenas dois filhos de Júpiter, Dioniso e Héracles, obtêm o privilégio de ir para o Olimpo e que todos os heróis e heroínas que recebem um culto – Helena e Aquiles, por exemplo – têm ascendência divina. Psiquê, uma simples humana, *animula, vagula blandula*[20], almazinha, errante, cariciosa, se eleva heroicamente à categoria de divindade.

Quando, num espelho, você buscar seu corpo e sua alma, busque também a alma forte, bela, amante e imortal de Psiquê: que ela se reflita em cada um de nós!

---

20. "Petite âme, vagabonde et aimable, mon âme" [literalmente: Pequena alma, errante e amorosa, minha alma], primeiro verso do poema que abre o livro de Marguerite Yourcenar Mémoires d'Hadrien e atribuído ao imperador Adriano. [Nas várias publicações de Memórias de Adriano, a tradutora Martha Calderaro optou por: "Pequena alma, alma terna e inconstante..." N.T.]

BÁUCIS DE BELA FOLHAGEM

Mulher muito idosa da Frígia

Longe, na Frígia, Júpiter e Mercúrio, disfarçados de viajantes, procuram abrigo para passarem a noite. Batem a todas as portas, mas ninguém lhes abre, exceto Báucis, pessoinha encanecida, frágil, que estaria à mercê de qualquer bandido de estrada, mas que apesar disso não sente medo dos dois estrangeiros. Báucis vive ali com o marido, Filêmon, e faz décadas que os dois se amam. Com a idade avançada os corpos se tornam fracos e frágeis, tanto que em casais muito idosos frequentemente veremos a mulher se ocupar das tarefas que requerem mais vigor físico. Só isso já bastaria para pulverizar o mito do homem forte, uma dessas aberrações inexplicáveis: forte? Mais forte?

Até quando e por quanto tempo? Trinta segundos para erguer halteres ou diariamente para carregar sacolas de compras? A verdade é que aos 90 anos os homens fortes já não são muitos; e Ovídio, que narra lindamente a história de Báucis e Filêmon, enfatiza que, no casal, a mais robusta é Báucis, que se ocupa de quase tudo.

Filêmon convida os deuses viajantes a sentarem e vai colher um repolho; Báucis, por sua vez, "se desvela": corta a lenha, aviva o fogo com seu sopro enfraquecido pelos anos, pega uma forquilha para despendurar do teto, a braço, todo um lombo de porco defumado (ou seja, pelo menos dez quilos), nivela a mesa manca. Depois serve com simplicidade um jantar arranjado às pressas, dietético porém suculento, com azeitonas, queijo, rabanetes, "ovos delicadamente revirados nas cinzas quentes" (*Metamorfoses*, VIII, 668), dois serviços de pratos quentes, vinho em profusão, nozes, figos e tâmaras rugosas, uvas e, para terminar, maçãs perfumadas e um favo de mel. Na época de Ovídio se tornara proverbial a expressão *ab ovo ad mala*, "do ovo à maçã", designando a perfeição de uma ação executada do começo ao fim, pois a refeição ideal começava com um ovo e terminava com uma maçã. Nós mantivemos o ovo, na expressão *ab ovo*, mas descartamos a maçã, o que é um pouco triste.

A ceia de Báucis, assim como seu acolhimento e seu modo de vida, são apresentados por Ovídio como um modelo de perfeição. Para o poeta de Amores, a mulher ideal é uma idosa senhorinha adorável e determinada.

Júpiter e Mercúrio também ficam impressionados, visto que na Antiguidade nunca se brinca com a hospitalidade: a casinhola dos dois velhinhos é transformada em templo sagrado, enquanto o restante da população é castigado com um abominável dilúvio. Além de salvar-lhes a vida. Júpiter lhes concede um pedido. Báucis e Filêmon se põem de acordo e depois Filêmon toma a palavra para reivindicar que não veja sua esposa morta nem ela tenha de sepultá-lo. Os deuses concordam de muito bom grado e os dois anciãos ainda vivem muito anos mais, até que Báucis vê no rosto de Filêmon as rugas se transformarem nas do tronco de uma árvore e Filêmon toca os dedos de Báucis que se alongam em forma de folhagem. Em vez de seus corpos enlaçados, uma tília e um carvalho abraçados expressam o amor dos dois.

A história é tão comovente que no século XVII Jean de La Fontaine se apossou dela, metamorfoseando de passagem o mito, que para nossa posteridade se tornou "Filêmon e Báucis" – o homem primeiro, sem cavalheirismo. Na realidade, La Fontaine faz muito mais que um passe de mágica rítmica ou um atentado à cortesia: em sua reescrita ele inverte os papéis e dá o primeiro lugar para Filêmon, que abre a porta:

Aos deuses se apresenta, usando esta linguagem:

Vós dois me pareceis cansados da viagem;

Descansai pois. Gozai do pouco que nós temos;

Os deuses permitiram que isso conservemos;

E vinde estes penates de argila saudar:

Só com deuses assim pode um homem falar;

Júpiter de madeira ouvia nossa voz,

E agora que é de ouro é surdo para nós.

Báucis, não demoreis, deveis a água aquecer;

Ainda que o poder não atenda ao querer,

Os hóspedes terão os cuidados devidos.

Alguns restos de fogo na cinza perdidos

Vai Báucis avivando com sopro ofegante:

Ramos de um galho seco acendem num instante.

Dos hóspedes os pés lavaram na água quente.

Filêmon lhes lamenta o atraso impertinente

E para distrair dessa espera importuna

Conversa com os deuses, não sobre a Fortuna,

Sobre as voltas que dá, sobre a régia opulência,

Mas dos campos e matas a pura inocência

E o que têm de mais doce, mais belo, mais raro,

Enquanto Báucis faz do festim o preparo.

Em vez de Báucis batalhadora, é Filêmon que comanda a dança, dá ordens à esposa, que aquiesce sem dizer palavra, enquanto o esposo deplora a falta de rapidez do serviço! Aí está uma fábula muito bonita que não só deforma o mito como também dá a triste imagem do "chefe da casa" dominador e autoritário – tanto quanto sua idade avançada lhe permite – e de uma esposa submissa. O melhor está no final. Quando pede aos deuses que ele e sua mulher morram ao mesmo tempo, Filêmon argumenta assim:

> *Para que eu não a chore e seus olhos em pranto*
> *De lágrimas não turvem todo este recanto.*

Filêmon tem direito a um "eu"; Báucis nada mais é que um par de olhos cuja tristeza só importa porque sujaria o lugar.

La Fontaine é um gênio, mas Ovídio também é; então, vamos devolver ao mito sua verdade inicial e, *ab ovo*, nos regalarmos com a bela história de Báucis e Filêmon!

VI

AS QUE DIZEM "NÃO"

Dizer não, para um chefe, um preten-
dente ou a alguém no alto escalão do
poder. Não consentir, rejeitar sem ferir
e sem temor de represálias. Dizer não a
quem amamos. Não deveria ser dificul-
toso e entretanto ainda precisamos de
coragem para liberar as palavras, sem
falar dos atos. Algumas mulheres da
mitologia nos mostram o caminho para
isso, mesmo se sujeitando a pagar caro
por suas decisões.

DE QUEM DAFNE É O "NÃO"?

Ninfa dos bosques da Tessália

Quem, em sua vida amorosa, ainda não passou por aquele momento desagradável em que procura afastar alguém que ama ou deseja você? A situação é ainda mais embaraçosa porque não há uma razão objetiva, a não ser a melhor, subjetiva: ele ou ela não lhe agrada, ou não lhe agrada mais.

Quanto mais rica, poderosa ou mesmo atraente for a pessoa a ser rejeitada, mais delicada é a situação: há o olhar dos outros, o orgulho e a incompreensão do mal--amado, e o pequeno aperto no coração ante a injustiça e a inutilidade de sentimentos ou desejos não compartilhados. O genialíssimo Jack Lemmon, no final do genialíssimo *Quanto mais quente melhor [Some like it hot]*, do genialíssimo Billy Wilder, joga com raiva sua peruca no bilionário enamorado que quer desposá-lo e brada, à beira de uma crise de histeria masculina: "Mas afinal eu sou um homem!" Uma confissão necessária mas não suficiente, pois o apaixonado, belo como Creso, nem sequer percebe que está sendo rejeitado e exclama encantado: *"Nobody's perfect!"*

A todas e todos que não ousaram pronunciar a fatídica palavra "não" é dedicada a história de Dafne.

O mito de Dafne é sem dúvida um dos mais célebres e mais mal-interpretados da Antiguidade, mesmo que, desta vez, seja desenvolvido apenas por um único autor, e não dos menores: Ovídio[21].

Dafne é a jovem ninfa que se transforma em loureiro para escapar do amplexo de Apolo, depois de uma desenfreada fuga e perseguição nos bosques. A cena é amplamente explorada por pintores e escultores, que põem todo seu talento e mesmo sua genialidade em representar uma jovem em situação de fragilidade e razoavelmente desnuda. Horrorizada, com lágrimas de vergonha, terror e cólera deslizando-lhe pelo rosto e pelo corpo de plástica

---

21. A história é brevemente mencionada por dois outros autores, Partênio de Niceia e Apolodoro, que podem ter servido de fonte para Ovídio ou ter se inspirado nele.

impecável, a ninfa se debate nos braços de um belo jovem de sorriso inquietante. Uma cena odiosa, uma cena de estupro, esplendidamente evocada por Rubens, Bernini, Veronese, Tiepolo, Waterhouse e muitos outros grandes artistas: ah, as lágrimas misturando-se com as folhas nas faces de Dafne! Oh, a mão de Apolo resvalando o sexo, o quadril, a cintura, a coxa da jovem! Cruzes!, uma mulher forçada a ceder ao mais forte do que ela, fotografada por milhões de turistas, inclusive eu.

Os apreciadores de plantão e de notícias de jornal comentarão, vendo em Dafne a infeliz corredora violentada na mata. Muitos aplaudirão o bem-vindo avanço em matéria de respeito e de consentimento. Todos e todas nos felicitaremos por nossos homens do século XXI se comportarem melhor do que os deuses do século I, e alguns espíritos raros resmungarão: "Bons tempos aqueles!"

A autossatisfação tem algo de infantil e desarmante, e cada milímetro de avanço em matéria de respeito ao consenso deve ser aclamado – só que em Ovídio não se fala absolutamente de estupro, pelo menos nesta narrativa.

Escrito no século I de nossa era, esse poema intitulado *Metamorfoses* por si só já justifica que se gaste um pouco de tempo e de esforço aprendendo latim, a língua do amor que em sua aprendizagem nos acolhe com duas palavras: rosa, "a rosa" e amo, "eu amo". De amor, na obra de Ovídio, fala-se em cada página e sob todas suas formas, do manual de sedução *Amores* e de *Arte de*

Amar às cartas chorosas das heroínas abandonadas de *Heroides* e, é claro, em *Metamorfoses*. A história de Dafne situa-se logo no início do livro, é praticamente *a primeira* metamorfose das *Metamorfoses*, pelo menos *a primeira* a ocorrer após o dilúvio provocado por Júpiter – *a primeira* de nossa era.

É raro uma mesma flecha atingir dois alvos, e a flecha do amor lançada por Cupido não é exceção. No caso de Apolo e Dafne, é pior ainda, pois a ninfa foi atingida pela flecha do "não-amor", aquela que dá vontade de fugir voando assim que o infeliz apaixonado se apresenta. De nada vale a Apolo ser o mais belo dos deuses, ser senhor das artes, da música e da predição: ele não faz pulsar o coração da jovem divindade. Ao contrário, quanto mais ele se apaixona, mais ela o execra; quanto mais xaroposo, mais repulsa lhe causa. Mas Apolo se obstina e, como Ovídio destaca, "o que ele deseja ele espera conseguir e é iludido por seus próprios oráculos" (I, 491); depois, compara o deus a uma vulgar palhinha, incendiada e consumida por um raio de sol ardente demais, o da paixão. Apolo, o deus da beleza irradiante e solar, (*Phebus* em latim e *Phoibos* em grego significam "luminoso") encontrou algo mais brilhante que ele.

Como se livrar de um belo rapaz? Como fazer um homem compreender que ele não nos interessa, sem ferir seu orgulho? Principalmente se for rico, ou poderoso, ou mal-educado, ou não tiver o hábito de ser rejeitado? Certamente uma estratégia delicada é esquivar-se de sua presença, o que Dafne faz prontamente, fugindo a belos passos largos pelas florestas da Tessália.

O deus, que não vale mais que um homem porque está apaixonado, se obstina e se torna penoso. Ovídio nos pinta um Apolo cômico e deplorável, correndo atrás de sua Dafne, suplicante e choroso como um Claude Nougaro ou um Johnny Hallyday da Antiguidade.

Enquanto corre, ele não deixa de entregar-se a um exercício de retórica e má fé típicas, que Ovídio se compraz em reproduzir, porque, desde os tempos mais remotos, quando uma mulher diz "não" é porque não pensou bem, não sabe realmente o que quer. Seguro de convencê--la, o deus primeiro se limita a uma ordem maldisfarçada de súplica: "Eu te peço, jovem, fica!" Como Dafne não interrompe a corrida, Apolo passa às ameaças, metafóricas, mas evidentes, para o caso – que vê como cada vez mais provável, já que ela o rejeita – de Dafne ser uma idiota bonita: "Como tu a ovelhinha foge do lobo", "Cuidado para não te arranhares nos espinhos", insinuando grosseiramente que sua vitória é certa e que, portanto, a ninfa faria melhor admitindo-a imediatamente.

A intimidação insidiosa é reforçada com promessas, não de amor e sim de represálias: o deus insiste que domina Dafne, pois na grande sociedade dos imortais ela é apenas uma ninfa e ele é um olímpico e, mais ainda, filho de Júpiter. Entretanto, como um mortalzinho, o deus que se sente rejeitado tende a derrapar no delírio narcísico, antes de tentar comover graças à tirada secular: "Sou senhor do Universo e meu coração está em vossas mãozinhas". Bem expressado nos belos versos de Ovídio, que sabe casar poesia e humor, isso dá:

> É a mim que obedecem as terras de Delfos, Claros e Tênedos e o palácio real de Patara; meu pai é Júpiter; sou eu que revelo o futuro, o passado e o presente [...], em todo o Universo me chamam de benfazejo, o poder da natureza me é submisso, mas, ai! nenhuma planta poderia curar meu amor; e minha arte, útil a todos, é inútil para mim. (504ss.)

A narrativa de Ovídio, se for exagero dizer que é feminista, é pelo menos feminina; adotando o ponto de vista da jovem ninfa, o poeta se coloca do lado de Dafne. Ovídio alfineta esse pavão barato, rei dos exibicionistas tanto quanto das artes, que, ao constatar que nem as carícias, as súplicas, as promessas, as ameaças verbais, nem mesmo as lágrimas e o tremor da voz bastarão, passa aos insultos e à ameaça física.

Quantas vezes já vimos ou vivenciamos a cena: o rapaz que adula, "canta" uma garota e depois a chama de vadia ou algum outro insulto, ou pior, maltrata-a porque não correspondeu a suas expectativas? A mulher cobiçada cai do pedestal efêmero que lhe fora oferecido e é arrastada na lama, metaforicamente ou não; o apaixonado meloso se transforma num bruto total. Nas palavras de Ovídio, Apolo se torna um cão de caça prestes a capturar sua presa.

Além disso, na narrativa de Ovídio, Apolo não só fracassa como também nem chega a tocar na jovem. Dafne é salva: do deus sente apenas o hálito na nuca. Ela pede a seu pai, o rio Peneu, e aos bosques "um novo corpo". Tão logo fala, o sono entorpece-lhe os membros, sua pele se cobre de uma fina casca, seus cabelos logo ondulam com o doce murmúrio de uma folhagem verdejante, sua mão aberta é um ramo prateado. Nessa nova aparência o brilho e a beleza persistem, pois Dafne passa a ser, de acordo com seu nome, um loureiro – dáphne é a palavra grega que designa esse arbusto – e, de acordo com seu desejo, inacessível ao deus assediador que, apesar de todos seus poderes, nunca poderá violar uma planta. A metamorfose a liberta das atenções do deus.

Como em Ovídio o humor nunca está longe, vamos convidar Apolo e Dafne para nossas noitadas. Estamos no momento em que, com hálito de álcool, o Apolo do arraial começa a falar próximo demais da moça bonita, que, se até então permanecera paciente ou indecisa, decide ser dura, dá meia volta e confirma: "Não! É não, hoje e sempre!", ainda que precise mudar seu número de telefone.

Na mitologia, a prudente Dafne continua intocável, pois o loureiro, o arbusto em que ela se transforma, é tóxico de cima abaixo, nefasto sobretudo para o coração. Dafne não só escapa dos assédios de Apolo como também se torna a planta reservada para os campeões de todos os concursos esportivos e poéticos. Altiva e desdenhosa, ela também se vê trançada em coroa, posta na cabeça dos vencedores carregados em triunfo em Roma, enquanto um escravo sussurra-lhes ao ouvido: "Não esqueças que nada és".

Portanto, foram as reapresentações mais recentes do mito, inclusive a nossa, que o transformaram em narrativa de estupro, não a narrativa como é composta por Ovídio, que em muitos pontos favorece os sentimentos femininos. Metamorfoseamos a metamorfose e transformamos o exemplo de uma mulher indomável em mulher vítima ou em mulher recalcitrante – uma mulher que, na verdade, se não fosse teimosa como uma mula, deveria dizer "sim". Não consensuais, recalcitrantes, simplesmente livres e francas, quando se trata de dizer "não" ao mais rico, mais bonito, mais poderoso, quando se trata de simplesmente dizer "não", devemos colocar uma coroa de louros em nossos pensamentos e nos lembrarmos de Dafne, que teve a coragem de se recusar ao mais belo dos deuses.

Um detalhe e um sorriso para concluir: em *Quanto mais quente melhor*, filme mítico como nenhum outro, ao lado da divina Marylin Monroe, Jack Lemmon, disfarçado de mulher com o nome de Geraldine, pede para mudar de prenome e ser chamado de... Dafne.

ANTÍGONA, CHEFE DE ESTADO

Mulher política

Filha de Jocasta e Édipo

Casa amaldiçoada dos Labdácidas

A primeira mulher política é uma criança ainda impúbere: Antígona, que por sua inteligência e determinação derrotou Creonte, o tirano de Tebas, e pôs fim à guerra e à maldição que há gerações atormentava a cidade. Nascida numa família maldita, a de Édipo, Antígona viu sua mãe, Jocasta, suicidar-se, seu pai arrancar os próprios olhos e seus dois irmãos matarem um ao outro para conservarem o poder sobre a cidade. Cego e destruído, Édipo, em busca de uma morte que não tem coragem de se dar, deixa a cidade, expulso pelos dois filhos, Etéocles e Polinice.

Antígona, que talvez nem tenha 10 anos – é uma *pais*, uma criança, ainda nem sequer uma *kóre*, uma adolescente –, pega a mão de seu pai e o guia para a salvação, em Colona, não longe de Atenas:

> Pai, vejo as muralhas de uma cidade, mas estão distantes e estás tão cansado! Aqui nós estamos num lugar sagrado, isso é evidente: tem em profusão loureiros, oliveiras, vinhas e, sob essa folhagem, um coro de rouxinóis faz um concerto melodioso. Descansa aqui, sobre esta pedra desgastada. Já cobriste uma etapa bem longa para um homem velho. (Édipo em Colona, 14ss.)

As palavras que Sófocles faz sua heroína dizer são de uma doçura e uma poesia que recompensam amplamente o esforço de aprender o grego antigo. Na cidade-berço da democracia, Édipo é perdoado e morre em paz, graças a Antígona.

Enquanto isso, em Tebas os dois irmãos de Antígona guerreiam entre si. Etéocles e Polinice, que deviam governar alternadamente, não conseguem entrar em acordo. Quando Antígona retorna a Tebas, a cidade está sitiada pelo exército formado pelas sete cidades favoráveis à causa de Polinice. A carnificina é horrenda, Tebas está em ruínas; os dois irmãos morrem duelando, tombando simultaneamente sob seus golpes mútuos.

Creonte, irmão de Jocasta, toma o poder e decide prestar honras a Etéocles, porque era o rei de Tebas no início das hostilidades. Para Polinice ele reserva uma sorte ignóbil: apodrecer ao sol no campo de batalha, devorado pelos vermes, se os cães e os pássaros não houverem se servido antes. Ai dos vencidos! Mesmo os piores verdugos jogam numa vala os corpos mortos, os queimam ou os lançam no mar. À violência da decisão soma-se a impiedade: na cultura antiga, um morto insepulto nunca conseguirá encontrar o caminho do Hades, o além-mundo dos gregos.

Creonte toma o cuidado de colocar guardas para vigiarem que ninguém se aproxime do corpo de Polinice. Antígona, tratada quase como uma escrava por seu tio, está decidida. Aproveitando que um vento tempestuoso impede que os guardas enxerguem, ela corre até o corpo do irmão e espalha sobre ele terra e as libações destinadas a proporcionar-lhe uma imitação de funerais. Os guardas a agarram: "Nada a abala", "Ela não nega nada", comenta um dos dois soldados ao levarem Antígona até Creonte.

Para ainda piorar a situação, o tirano Creonte é de uma misoginia totalitária: "Não serei mais eu, ela é que será o homem, se sair vitoriosa" (484-5), diz para justificar-se por condenar a sobrinha à morte. Mais adiante, censura seu filho Hêmon, noivo de Antígona, e que quer fazê-lo mudar de ideia, por "se fazer de paladino da mulher" e por ser "escravo de uma mulher". Várias vezes Creonte tenta instaurar uma forma de convivência masculina fundamentada no desprezo pelo sexo oposto: com seu filho, com o coro de anciãos, com o adivinho Tirésias, que o alerta sobre as desgraças prestes a se abater sobre ele se acaso deixar morrer sua sobrinha. Em vão. Todos o incitam a respeitar o ato de Antígona. No século V a.C., tanto o misógino como o tirano já são *has-been*. Pelo menos em cena e nas palavras de Sófocles, a Atenas democrática não quer mais saber deles.

Hêmon previne seu pai sobre os rumores obscuros que em surdina se erguem contra ele: para os homens e as mulheres da cidade, Antígona merece as mais esplêndidas honrarias. Por quê? Seguramente, não porque é uma mocinha graciosa e atrevida ou obstinada, como as reescritas modernas e contemporâneas tendem a apresentá-la para nós. Se Antígona, princesa tratada como escrava, tem aprovação geral, é porque seu ato é um programa político. Seu gesto é uma reivindicação de igualdade: todos os seres humanos são iguais perante a morte e, numa cidade civilizada, todos devem receber honras fúnebres. Ela propõe assim a reconciliação entre as leis da cidade e as leis dos deuses, que finalmente anulará a maldição que pesa sobre Tebas desde Lábdaco. Antígona representa a possibilidade de viver em paz, na alma e na consciência, sem os flagelos da peste, da guerra, da tirania. Hêmon, seu noivo, está convicto disso. Já mais sábio do que o pai, roga-lhe que não

> Deixes reinar sozinha em teu coração a ideia de que a verdade é o que dizes e nada mais. As pessoas que se julgam as únicas racionais e possuidoras de ideias e palavras desconhecidas de todos os outros, essas pessoas, abre-as: verás que são vazias. Para um homem, mesmo

para um sábio, instruir-se nada tem de vergonhoso. E tampouco cessar de obstinar-se. (705ss.)

Nenhum protagonista apoia Creonte, enquanto o coro promete a Antígona "louvor e glória" (817). Ele teima, condena a sobrinha, a prometida de seu filho, a ser sepultada viva no túmulo dos Labdácidas; depois se arrepende, mas tarde demais: Antígona se suicidou, Hêmon jaz a seu lado. Eurídice, esposa de Creonte e mãe de Hêmon, também se mata. Creonte acaba sozinho, em pranto, de joelhos.

"Quanto a mim, ainda posso dizer 'não' a tudo o que não me agrada, e sou o único juiz", escreve Jean Anouilh. Antígona, sem violência, colocou a primeira pedra, inoxidável como sua vontade, de uma organização política harmoniosa. As reescritas modernas – inclusive a de Anouilh, peça estudada em todos os colégios da França e de Navarra – fizeram de Antígona uma figura da resistência; ela é muito mais que isso. Representa a adolescência se afirmando para se tornar adulta; faz mais do que resistir e provar que existe. A jovem Antígona é também a figura ancestral do *empowerment*, do empoderamento. Essa mocinha mudou o mundo, para melhor e para o bem de todos. O que Antígona poderia ter realizado, se não estivesse morta? George Steiner, atônito com tanta força, admirativo diante dessa criança que sozinha faz mais do que muitos, coloca-lhe o nome no plural em seu ensaio *Les Antigones* [As Antígonas] para cantar-lhe este canto elogioso:

Creio que apenas a um único texto literário foi dado expressar a totalidade das principais constantes do conflito inerente à condição humana. Elas são cinco: o confronto entre os homens e as mulheres, entre a velhice e a juventude, entre a sociedade e o indivíduo, entre os vivos e os mortos, entre os seres humanos e o(s) deus(es). Os conflitos que resultam desses cinco tipos de confronto não são negociáveis. (Gallimard, "Folio essais", 1992, p. 253)

Os espectadores que assistiram à peça pela primeira vez e retribuíram com uma ovação sem precedente viram em Antígona seu líder político ideal. Pouco tempo depois, Sófocles foi eleito estratego.

DEMÉTER E PERSÉFONE

Deméter para os gregos e Ceres para os romanos
Deusa das searas
Perséfone para os gregos e Proserpina para os romanos
Filha de Zeus e Deméter
Torna-se rainha dos Infernos

Quando eu era adolescente, meu pai zombava gentilmente de minha mãe e de mim chamando-nos de "Deméter e Kóre". Juntas, essas deusas encarnam a mãe e a filha por excelência, pois em grego *kóre* significa "menina" e *méter*, "mãe". Todas as mães e filhas reconhecerão neste mito uma parcela de si mesmas, inclusive eu, que fui *kóre* e depois, *méter*. Nada é tão poderoso como o vínculo que une uma mãe e sua filha, quer ele esteja ou não associado a amor. É tão poderoso que, para os gregos e os romanos, mudou o mundo.

O rapto de Perséfone (ou Kóre ou, em latim, Proserpina) por Hades (Plutão para os romanos) e a busca desesperada de sua mãe, Deméter (Ceres), é um dos maiores mitos da Antiguidade. É também um dos mais antigos, contado no *Hino Homérico a Deméter*, do século VII a.C., e ao mesmo tempo um dos mais recentes, pois é narrado na última epopeia da história antiga, *O Rapto de Proserpina*, escrita por Claudiano no final do século IV d.C. A história da mãe e da filha comovia tanto que não parou de ecoar durante toda a longa Antiguidade.

Primeiramente, vamos fazer as apresentações. Deméter, a deusa das searas e das colheitas, tem somente uma filha e, aparentemente, não está destinada a ter mais filhos. Kóre permanece filha única. Vamos nos deter um instante na palavra *kóre*, pois, como é frequente em grego, ela é rica de sentidos e torna todo mundo poeta e filósofo. Kóre é em primeiro lugar a menina muito nova, uma criança, em todo caso aquela que ainda brinca de boneca, pois é esse o segundo sentido do termo. Por fim, a palavra vem a designar a pupila do olho, "por causa da imagenzinha que nela se reflete", escreve lindamente Bailly em seu canônico dicionário grego-francês.

A jovem deusa que ainda brinca de boneca é de uma beleza estonteante. É tão encantadora que no monte Olimpo muitos pensam em raptá-la. Nas versões latinas, Deméter então decide esconder a filha longe, na Sicília, não sem antes lhe dar uma multidão de companheiras, todas mais bonitas umas que as outras, começando pela deusa do amor em pesssoa, Vênus. Estão lá para lhe fazer companhia, mas também para protegê-la e mesmo para servir de engodo se por acaso um lobo velho vier a passar. A jovem é afastada dos olhares olímpicos, mas não escapa dos olhares do deus dos Infernos, pois as portas dos Infernos estão situadas no sul da Itália ou na Sicília. Agachado nas sombras, Hades observa e se apaixona pela jovem.

Zeus concorda que ela se case com seu irmão, Hades, que governa um reino poderoso, o do além. Apenas Kóre e Deméter não estão a par disso. O plano é perfeito, divino mesmo, mas nada ocorre como previsto: nem a mãe nem a filha aceitam e sua recusa vai mudar tudo.

No *Hino a Deméter*, a mocinha mal tem tempo para colher uma flor magnífica, de aroma envolvente, antes de o solo se rasgar e o "senhor de tantos hóspedes", Hades, raptá-la. A pobre criança só consegue lançar um grito dilacerante, que Hécate é a única a ouvir.

Deméter, de luto fechado, conduz a investigação, mas ninguém ousa lhe revelar a verdade, pois todo mundo teme os senhores do Céu e dos Infernos, Zeus e Hades. Ela decide não assumir mais suas funções divinas, ou seja, fazer as plantas crescerem. Faz a greve do grão. Basta um grão para a deusa semear a cizânia, um grão para pôr a fogo e sangue a Terra e o Olimpo. Na Terra, os seres humanos morrem de fome e de raiva. Nas alturas olímpicas, os deuses não recebem mais a fumaça dos sacrifícios. Um deus que não é idolatrado ainda é um deus?

Nesse mundo prestes a ficar sem animais, sem humanos e sem divindades, Deméter chora, sentada num rochedo de Elêusis, disfarçada de velha para não ser reconhecida. Um bando de jovens, nobres apesar de famélicas, vai a seu encontro. Uma delas, uma serva chamada Iambe, tem senso de humor: consegue não só fazer Deméter rir mas também convencê-la a ir se refugiar junto do rei Céleo e da rainha Metanira. Isso porque o casal está procurando uma ama venerável para se ocupar de seus dois filhos, Triptolemo e Demofonte. A deusa perdeu uma filha e ganha dois filhos. O mais velho, Triptolemo, está na idade em que os meninos sonham com dragões. A deusa lhe dá não um de terracota e sim dois, alados e vivos, atrelados a um carro magnífico. Oferece-lhe também uma bolsa contendo grãos desconhecidos e mágicos, grãos que darão uma seara loura como os cabelos do menino e alimentarão miraculosamente o gênero humano. Graças ao amor e à alegria de duas crianças e ao humor de uma jovem, a tristeza da deusa se atenua e os homens adquirem a arte de cultivar trigo – mais tarde, pois por enquanto Deméter está totalmente decidida a não ceder: o bloqueio continuará enquanto sua filha não lhe for devolvida.

Enquanto isso, a nova rainha, Perséfone, vai lentamente se aclimatando a seu ambiente e a seu status de rainha. No início, também fica inconsolável: chora ao lado das flores, asfódelos, das matas e dos rios, o Estige, o Leto e o Aqueronte. Poderia, se quisesse, passear indefinidamente por essa natureza escura e selvagem, um pouco lúgubre, mas nos Infernos o problema são os outros: casada à força com seu tio, ela está cercada de monstros; em toda parte imperam um odor insuportável, mefítico, e uma atmosfera fria, úmida, triste de fazer chorar. Nem o ouro de seu esposo (que é tido como o mais rico do mundo) nem a companhia dos maiores artistas – Homero, Eurípides, Virgílio, estão todos lá! – poderão mudar coisa alguma.

Para essa que cresceu ao sol da Sicília, sentindo o cheiro fresco e vigoroso dos limoeiros, a ausência de luz é insuportável, como a ausência da mãe, como a da vida. Ademais, ela é tão jovem e a seu redor só há velhos decrépitos. Mesmo os defuntos mais novos lhe falam de pessoas que ela nunca conheceu. Que tédio a morte para quem é imortal! Que lassidão! Que desolação! Ela chora, suspira, definha entre as almas, morre entre os mortos sem poder morrer. O pior vem quando, de seu palácio, escuta acima o choro rouco da mãe, Deméter. Ao cabo de algum tempo desse tratamento, o mundo de cima, o dos vivos, se parece cada vez mais com o dos mortos. Sob o sol e sob a terra, todos e todas se lamentam.

Também Zeus está muito desgostoso. Enquanto Deméter faz a greve das estações, os humanos vão morrendo e já não lhe fazem oferendas. Ele sugere ao irmão que dê mais liberdade para sua dulcineia. Afinal de contas, se de tempos em tempos ela for ver a mãe, qual é o problema? Hades se deixa convencer, ainda mais porque Perséfone está adquirindo autoconfiança e começando a se aclimatar a seu novo status. Ele até mesmo intuiu um início de sentimento, quando a jovem esposa, que, como a mãe, tem dedo verde, metamorfoseou Minte, uma ex-amante, numa espécie de planta hirsuta, verde e repugnante, a menta, que só é agradável quando pisamos nela, porque então exala um perfume envolvente.

Chega o momento da partida. Prudente, antes que sua esposa tome o caminho da claridade, Hades lhe oferece uma romã bem madura, a mais bela, avermelhada, para refrescá-la durante a viagem. Também ele está cuidando de sua seara, pois com isso deseja garantir o retorno da esposa, a menos que Perséfone já esteja convencida de que doravante sua vida é com ele – disso a mãe não precisa saber, mas seguramente já suspeita. Durante a viagem para a luz do dia, Proserpina chupa seis dos grãos suaves oferecidos pelo marido: a polpa tenra e suculenta, o sabor acidulado e leve quase a fariam sentir falta dos beijos do esposo; mas a saudade logo é afugentada pelo reencontro, pelos abraços, beijos e afagos de sua mãe. A alegria, a vida, as estações retornam à Terra e durante seis meses a recobrem de um tapete verdejante e fértil. Ao cabo desse lapso de tempo – um mês por grão de romã –, Perséfone volta a pensar com ternura no esposo. As brigas e os amuos entre a mãe e a filha se multiplicam, de modo que, de comum acordo, elas decidem que a jovem está sofrendo de saudades do país dos mortos, do qual ambas falam muito mal, mas esperando que Perséfone retorne logo para lá. Numa noite, quando sua mãe está dormindo e a terra e os vinhedos estão em plena colheita, a jovem rainha deixa o colo materno e retorna, por vontade própria, para os braços imortais do senhor dos mortos, abraçando durante seis meses o descanso do Hades; enquanto isso, sua mãe se cobre novamente com o véu infértil do luto, assim como o solo se cobre de folhas mortas e, depois, de um tapete de neve, esperando a vinda de Proserpina para renascer de novo na primavera.

Uma leitura recente fez desse mito a base das teorias ecofeministas, insistindo no poder subversivo de Deméter e Kóre propulsadas à posição de feiticeiras ecofeministas[22].

É bem verdade que todo o processo civilizatório ligado à agricultura está em suas mãos. Juntas, Kóre e Deméter governam o mundo, o dos vivos e o dos mortos e mesmo o dos deuses por meio das oferendas. Ao rejeitar a ordem de Zeus, ao impor seus lugares, cada uma também tendo seu reino, Deméter e Kóre abriram um lugar para o homem na natureza e para a civilização.

22. Starhawk, numa obra intitulada *Rêver l'obscur. Femmes, magie et politique* [Sonhar o escuro. Mulheres, magia e política] (Cambourakis, 2016, cap. 5: «Déesses et dieux: le paysage de la culture» [Deusas e deuses: a paisagem da cultura]).

VII

AS RAINHAS

Proserpina passou de jovem em flor a
rainha implacável, de um autoritarismo
glacial que faz quem tratar com ela baixar
os olhos e prender a respiração; assim
impõe silêncio e respeito na balbúrdia
dos Infernos. Na mitologia, as rainhas
são não apenas esposas de reis, mas mulheres dominantes exercendo um poder
que, seja ele qual for, não entregam para
ninguém.

SOU CÓLERA, SOU JUNO

*Rainha do Céu e deusa
do casamento*

Esposa de Zeus/ Júpiter

*Hera para os gregos,
Juno para os romanos*

*Atributos: o lírio, a romã,
a vaca e o pavão*

Nunca nos faltam palavras aviltantes e frequentemente esdrúxulas para descrever uma mulher encolerizada; muitas são tiradas da mitologia, como harpia, fúria, dragão etc. O dicionário está repleto de termos que designam uma mulher de temperamento difícil: megera, onça, virago, isso, sem falar das gírias. Não há nenhum termo para designar especificamente "um homem raivoso" (nem para "uma mulher inteligente"). Um homem raivoso não tem de carregar uma alcunha: simplesmente está encolerizado, até mesmo jupiteriano, o que é elogioso. Já uma mulher é uma megera ou uma histérica. Nestes dois casos, sua raiva não tem um objeto legítimo: a megera se enfurece unicamente por causa de seu mau gênio; a histérica, por patologia. Infundada, a fúria feminina é desacreditada de imediato; portanto, é mais caridoso rir dela. Por quê? Por que uma mulher não estaria com raiva sem ser doente ou má? Por que uma mulher não teria o direito de ficar furiosa sem se desconsiderar? Por que essa imposição de não erguer a voz, de nunca ter uma palavra a dizer, de não se exaltar, sob pena de se tornar monstruosa, louca ou, no mínimo, ridícula? Uma mulher que se preze não tem prazer nem ira, e ponto final.

Entretanto, a mitologia nos apresenta exatamente o contrário na pessoa de Juno, padroeira das matronas e das mais belas instigadoras da Antiguidade. Já no primeiro canto da *Ilíada*, Zeus, chefe dos deuses, teme "o ódio de Hera, quando ela me atacar com palavras injuriosas" (I, 518-9). Mais adiante, no canto XVIII, seu filho Hefesto conta como a mãe o lançou do alto, num impulso de irritação[23] (394). Mas é na literatura latina que a cólera de Hera irrompe em todo seu esplendor. Logo no canto I da *Eneida*, "os furores" de Juno provocam tempestades e furacões a fim de afundar a frota de Eneias e, quando isso não basta, Juno recorre às potências infernais, à fúria Alecto, "obreira de lutos, que só se interessa por guerras

---

23. Para os outros deuses não saberem que ele nascera coxo. [N.T.]

sombrias, cóleras, surpresas traiçoeiras, calúnias mortais"
e que "Juno espicaça com suas palavras" (VII, 327 ss.).
Assustado com tanto rancor, Virgílio diz que Juno "revol-
ve seus pensamentos" nas "chamas de seu coração" e, no
início da *Eneida*, espanta-se com isso:

> Musa, lembra-me por qual razão, qual ofensa a seu
> poder, qual mágoa a rainha dos deuses impôs a um
> herói tão piedoso passar por tantas aventuras, enfren-
> tar tantas provações. As almas dos deuses sentem có-
> leras tão grandes? (I, 8ss.)

Em muitos pontos, a *Eneida* é a narrativa mais da cólera de Juno do que das façanhas de Eneias, que faz fraca
figura diante da deusa fulminante. O poeta parece mais
inspirado pela descrição de sua perversa do que de seu
herói. Como nos *James Bond* ou nos filmes de super-heróis contemporâneos, a figura do perverso é o que determina a qualidade da história. Na *Eneida*, o "supervilão" é
uma vilã. A mesma impressão predomina em Sêneca, que
começa seu *Hércules furioso* com uma Juno furiosa:

> Meus ódios não desaparecerão assim; meu coração
> violento expressará vigorosamente sua raiva; meu
> cruel ressentimento destruirá a paz e travará guerras
> eternas. [...] Continua, ó, minha cólera, continua, es-
> maga aquele que medita esses vastos projetos, ergue-
> -te contra ele, deixa-o tu mesma em frangalhos com
> tuas próprias mãos (Hércules furioso, 27-9, 75-6).

Ovídio, por sua vez, poderia ter escrito "Juno sou eu", de tanto que a deusa ribomba majestosamente em sua obra, onipresente e mencionada quase em cada canto.

A violência e a tenacidade das cóleras de Juno são memoráveis, particularmente contra seu esposo, Júpiter, que trai incansavelmente essa que é a primeira das deusas e deusa do casamento. Entretanto, contrariando nossos clichês, os furores da deusa não têm raízes na paixão nem nos sentimentos. Para um deus é vergonhoso se apaixonar, de modo que a conduta de Zeus é triplamente insultuosa: ele é culpado com relação a sua esposa, com relação às prerrogativas dela, que é a deusa do casamento, e com relação a si mesmo ao sucumbir à beleza mortal sendo que é imortal.

Privilégio da imortalidade, o casal olímpico nunca se cansa dessa manobra: ele a trai, ela se exalta, sem que por isso se trate de amor entre ambos. Também por isso a fúria de Juno nos é valiosa: Juno está ligada a Zeus no mínimo tanto por laços de sangue, pois é sua irmã mais velha, quanto pelos laços do casamento, mas não está "apaixonada" por Júpiter; é sua cônjuge, no sentido etimológico do termo, ou seja, a que está "sob o mesmo jugo". A língua latina e a mitologia nos oferecem a visão hilariante e deliciosamente perspicaz do casal visto como dois animais de carga presos um ao outro para a mesma tarefa, como presidiários condenados à mesma pena. O mais saboroso é que o pássaro emblemático do casal olímpico é um cuco, porque Zeus teria seduzido Hera assumindo a forma dessa ave, a mesma que deu em francês a palavra cocu, porque o cuco cria ovos de outro ninho[24].

As cóleras de Juno nada têm das cóleras frias e dignas; são explosivas, retumbantes, tonitruantes, tanto que mesmo Júpiter, senhor dos céus, do raio e do trovão, treme de medo diante da esposa. Quando Tirésias, que teve a sorte de ser sucessivamente homem e mulher, revela a Zeus, na presença de Hera, que as mulheres têm mais prazer do que os homens durante o ato sexual (nove ou dezenove vezes mais, dependendo da versão do mito), Hera, para puni-lo por haver revelado esse segredo, cega-o. Zeus, que entretanto é senhor dos deuses, que pode tudo, menos mudar o destino, nada ousa fazer, exceto dar a Tirésias o dom da adivinhação e, ainda assim, sem a faculdade de interpretar suas visões.

Onisciente e onipotente, Zeus se encolhe diante dos raios simbólicos de Hera. As múltiplas metamorfoses do deus – em cisne, em chuva de ouro, em fumaça, em águia, em touro, em cavalo, em formiga etc. – realmente se devem ao fato de um deus não poder aparecer tal como é perante um mortal, sob pena de matá-lo ou pelo menos cegá-lo; mas sugerem também que Zeus, temeroso, tenta ocultar de Hera suas aventuras, sem sucesso, pois sempre é desmascarado por sua furibunda cara-metade.

---

24. Em francês, "cuco" é coucou e cocu significa "cornudo", homem traído; na verdade, o cuco deposita seus ovos nos ninhos de outras aves para serem chocados por elas. [N.T.]

Não devemos nem pensar em reduzir a bate-bocas de casal ou a cenas domésticas as iras junonescas: elas ressoam e são ouvidas longe do domicílio conjugal. Assim, para provar que Baco não é de modo algum mais poderoso do que ela, Juno enlouquece Atamante, marido de Ino, a ponto de, em delírio báquico, ele matar o próprio filho, tomando-o por um leãozinho; Ino, por sua vez, só escapa da fúria do marido atirando-se no mar com o filho que lhe resta. Como o nome lhe lembra o de uma amante de Júpiter, Juno lança a peste sobre toda a ilha de Egina. Por que ela detesta Eneias em particular e todos os troianos em geral? Porque Páris, príncipe troiano, escolheu Afrodite em vez dela no julgamento que leva seu nome. Rainha dos deuses, inicialmente senhora do éter (é o sentido etimológico de seu nome grego), a deusa não tolera ninguém acima dela. Seu poder é tão grande que no início do cristianismo os autores que desejavam impô-lo se empenharam ao máximo em difamar Hera/Juno para impor o culto à Virgem.

Hera é a encarnação do poder divino, absoluto, abusivo, do mesmo modo que Zeus, de igual para igual. É preciso ler em seus impulsos de mau humor o fato de se comportar como uma soberana cuja capacidade de encolerizar-se faz parte justamente de seus atributos régios. A respeito disso, vejamos a definição dada por Peter Sloterdijk em *Colère et temps* [Cólera e tempo]:

> Para um deus que de tempos em tempos escorrega para o papel de tocador de trovão, a cólera pode cons-

tituir um atributo plausível, mas acessório. Para um deus que, juiz régio, deve, com uma aura de majestade numinosa, inspirar respeito e temor, a capacidade de enfurecer-se é constitutiva. Quanto a ele, poderíamos dizer, pela primeira vez: é soberano aquele que for capaz de ameaçar de maneira crível.

Por que consideraríamos ridícula essa que os antigos achavam terrível e fascinante, que fez Júpiter tremer e também fez tremer a cristandade? A primeira razão nos remete a nosso mal-estar ante a cólera feminina, degradante ou risível, em todo caso diminuída, porque é insígnia de um poder que temos dificuldade em aceitar que seja exercido por uma mulher. Uma mulher só terá tanto poder quanto seu equivalente masculino quando tiver a possibidade de abusar dele do mesmo modo – por exemplo, encolerizando-se. Uma mulher furiosa, como Juno, é uma mulher poderosa, donde a escapatória que consiste em negar, difamar ou desviar sua cólera e ridicularizá-la. Paradoxalmente, talvez seja quando sai dos eixos que uma mulher é menos levada a sério. Não faltaram vozes, femininas e masculinas, para denunciar uma histerização do debate sobre o clima quando Greta Thunberg tomou a palavra na ONU, em setembro de 2019. É fácil ver a consequência política: desviar a cólera é um excelente meio de não ouvir a queixa e deslegitimar aquele ou aquela que a expõe.

Solapar, degradar, desnaturar, até mesmo fazer da fúria feminina uma doença da qual será preciso curar:

tudo é válido. Aqui está um florilégio de pequenas frases ouvidas, correspondentes a estratégias, muitas vezes involuntárias (como a bobagem) para matar a raiva no ovo: condescendência ("Não fique nervosa, querida!"), pseudo-preocupação sobre a saúde ("Você está menstruada?"), acusação de infantilização ("Pare de me dar bronca como se eu fosse criança!"), até mesmo de castração ("Como você consegue ser desmancha-prazeres!"), ataques à aparência física ("Você fica feia quando está brava" ou "Pare um pouco, esse tom não combina com você!"), sem esquecer o eterno "Igualzinha à sua mãe". A cólera feminina não tem um objeto próprio. Entronizemos novamente Juno na arena política e social.

Na verdade, não conheço nenhum texto antigo em que se acuse Juno de ser histérica ou castradora. Juno é jupiteriana, não se comporta diferentemente de seu esposo soberano. A comparação com o mito não se dá em nosso favor, nós que em 2022 penávamos para aceitar que uma cólera feminina seja legítima. A única solução para conseguir olhar sem se horrorizar no espelho que Juno nos estende é o desvio, a reinterpretação, a distorção do mito, seu deslocamento. Este consiste em assestar o foco na atitude da execrável, irascível esposa de Júpiter, até mesmo zombar dela, para não levar a sério suas queixas e edulcorar assim a figura do marido infiel e repreendido que Júpiter encarna.

Na verdade, o que faz Juno encolerizar-se? Em primeiro lugar, mas não unicamente, as repetidas aventuras de Júpiter, conquistador inveterado. O enredo nunca muda: Júpiter procura dissimular o caso que Juno sempre descobre e que provoca sua cólera. Sabemos disso tudo, mas raramente sabemos com precisão o que ela descobre e que é motivo para enfurecer-se. Para unir-se a Calisto, Zeus assume a aparência de sua própria filha Ártemis. A ninfa fica grávida e, portanto, deve deixar o cortejo de Ártemis. Para ocultar de Hera o que aconteceu, Zeus transforma Calisto em ursa, segundo Apolodoro; ou, segundo Ovídio, é Hera que metamorfoseia a jovem caçadora, poupando-a definitivamente dos indesejados amplexos de Júpiter. Será que realmente o importante aqui é a cólera de Hera? Seria cômico, se a história de Calisto não fosse tão triste. Juno está pensando principalmente em afastar a ameaça, como com Latona (Leto para os gregos), mãe de Diana e Apolo, condenada a um exílio eterno que a força a recomeçar a fugir assim que seus filhos nascem. A medida é radical, mas tem o mérito de evitar que tanto a esposa como a amante sofram os ultrajes de Júpiter. De fato, em Hesíodo, Leto nunca diz "sim", ela é (918) "unida ao desejo de Zeus". Juno, por sua vez, diz claramente "não".

A história de Io é igualmente edificante. Io é uma sacerdotisa de Hera. Ela agrada a Zeus, que, sem levar em conta a vontade de Io, seu *status* de mulher dedicada ao culto do casamento e as prerrogativas de sua própria esposa, transforma-se em nuvem negra para violentar a jovem sem que ela dê por isso, várias vezes. Naturalmente, a cortina de fumaça não basta para enganar Hera, ultrajada não só por ser enganada mas por seu culto e sua sacerdotisa serem achincalhados assim. Então Zeus transforma Io em novilha, novamente para tentar ludibriar Hera. Esta pede a Argos dos cem olhos que zele por sua ex-sacerdotisa, mas Zeus, para unir-se novamente a ela – a uma novilha, portanto –, faz Argos ser morto. Furiosa, Hera encarrega um moscardo de atormentar a novilha e fazê-la fugir para longe. Novamente preferimos ver a palha no olho de Hera a ver a trave no de Zeus: é Hera, que envia uma mosca, que é criticada, e não Zeus, que abusou de uma mulher antes de transformá-la em vaca, violentou-a de novo sob essa forma e mandou matar Argos. Que injustiça e que dano para a mitologia! Utilizamos o mito para alimentar as fantasias de dominação masculina, a do esposo infiel, da mulher objeto de prazer, privada de sua liberdade de escolha, e da esposa rabugenta.

Ao contrário, a figura de Juno poderia nos servir para questionar a inacreditável iniquidade que pode existir no casal casado, tal como a tradição burguesa nos transmitiu: por que seria preferível admitir o adultério por ser masculino e repetitivo? Falamos de "homem mulherengo" com uma complacência bonachona, e nunca de uma "mulher homerenga"[25]. Por uma espécie de lógica espantosa, quanto mais um homem enganar sua mulher, menos importância isso terá; por que a recíproca não seria verdadeira?

---

25. Em francês, respectivamente "homme à femmes" e "femme à hommes". [N.T.]

Juno, figura essencial da tríade capitolina ao lado de Júpiter e Minerva, era honrada em todo o império romano, estava presente em todos os denários como *Juno Moneta*, deusa da moeda. Os romanos a amavam tanto que lhe dedicaram o mês de junho. Entre outras festas, Juno era celebrada todo ano nas *Matronalia*, as festas das matronas, das esposas. Que fizemos nós da matrona? Uma mulher velhusca e desagradável, uma "mulher de certa idade, gorda, geralmente feia e de aspecto vulgar", segundo o dicionário. E que fizemos das cóleras de Juno? Exatamente cóleras de matrona, importunas e exasperantes. É motivo bastante para nos encolerizarmos – uma verdadeira bela cólera de Juno, mítica, tonitruante, paralisante e fulminante.

CLITEMNESTRA, CADELA DE GUARDA

Rainha de Argos
Filha de Leda e Tíndaro
Irmã de Helena, Cástor e Pólux
Esposa de Agamêmnon
Mãe de Ifigênia, Eletra, Orestes
Casa amaldiçoada dos Átridas

Parecerá assustador, pelo menos perturbador, evocar uma lembrança pessoal para abordar Clitemnestra. Irmã de Helena e mulher de Agamêmnon, a soberana de Argos matou do modo mais violento, com um machado ou uma espada, seu marido Agamêmnon quando voltou vitorioso da guerra de Troia. Execrada desde a Antiguidade grega, abominada até mesmo pelas sombras dos Infernos, segundo o poeta Ésquilo, "a fêmea matadora do macho" se torna ao longo da Antiguidade romana o emblema da esposa assassina, da qual Juvenal zomba perfidamente:

> Não há uma rua que não tenha sua Clitemnestra. A diferença toda é que a filha de Tíndaro segurava nas mãos um tolo e desajeitado machado. Agora, com um minúsculo pulmão de sapo o assunto está resolvido. (Sátiras, VI, 656ss.)

Entretanto, é assim que desejo começar esta história, não que eu já haja tido veleidades conjugais assassinas, mas homenageando aquela que me permitiu compreender Clitemnestra: María Casares. No final do século passado, nos últimos anos de sua vida, María Casares interpretava Clitemnestra em *Oresteia* (a de Ésquilo ou a de Claudel, já não me lembro), em Montpellier, num festival de verão. No finzinho do dia com cheiro de citronela, Casares-Clitemnestra, um pedacinho de mulher sozinha em cena, chamava Eletra, a filha que a odeia a ponto de provocar sua morte. Seu grito era rouco, visceral, lancinante, enchendo o espaço com toda a raiva, a vergonha e a revolta de que é capaz o ser humano. Esse grito, que se gravou em minha memória sem que naquela época eu o compreendesse (era adolescente), dizia a indignação de uma mãe ante a injustiça – a injustiça de ser renegada pela própria filha e o pesar de se sentir ligada para sempre pelo indestrutível amor materno e de aceitá-lo mesmo a contragosto.

Casares não teve filhos, ela própria não foi uma criança desejada e, entretanto, compreendera tudo. Nem sempre "quem fala é a experiência", mas o poder do mito e a genialidade dessa atriz. Para quem não tem todos esses talentos nem teve a oportunidade de ouvir a atriz ou de ler bons livros, muitas vezes é preciso aguardar a experiência para compreender[26] essa raiva de ser mãe, raiva de viver, de amar e de sofrer uma culpa inexorável e permanente quando é provocada pelos filhos.

O destino da rainha, lembrado por todos os maiores poetas da Antiguidade – Homero, Ésquilo, Sófocles, Eurípides, Sêneca e Juvenal –, nos narra dois dramas, o da injustiça feita às mulheres em geral e às mães em particular, e mostra, por meio de Eletra, que essa injustiça é própria dos homens e das mulheres.

Clitemnestra, a abominada, a detestada, é aquela que ninguém perdoa nunca. Mesmo Édipo, mesmo Orestes são absolvidos, mas não ela. Embora não seja divina como sua irmã Helena, não deixa de ser filha de rei: as fadas da Antiguidade, as Parcas (cf. p. 25) não lhe atribuíram a pior das sortes, como demonstra seu nome, que significa "célebre e cortejada". Já ela prefere se qualificar de "cadela de guarda" (Ésquilo, *Agamêmnon*, 607).

Casada com o chefe do exército grego, Agamêmnon, tem dele três belos filhos (quatro, segundo algumas versões): Ifigênia, Orestes e Eletra. Acreditando com isso possibilitar a largada da frota bloqueada por falta de vento, Agamêmnon sacrifica Ifigênia (cf. p. 44ss.). Clitemnestra

---

26. Sofrer para conhecer» (*páthos mátein*, em grego), como escreveu Ésquilo; cf. p. 46.

começa a odiar ao mesmo tempo a guerra e o marido. Quem a reprovaria por isso? Com a partida de Agamêmnon, ela passa a governar o reino, tornando-se assim a primeira mulher da epopeia troiana a subir ao trono e reinar. Sobre as outras rainhas, como Penélope, é dito que esperam, preservam, guardam, mas não que assumem o poder político. Clitemnestra governa bem e com justiça, visto que em Ésquilo o coro dos anciãos apoia sua ação. Toma um amante, Egisto, ao qual não dá um papel político. Também põe seu filho Orestes em segurança no estrangeiro, para o caso de a guerra não terminar a favor dos gregos e os novos vencedores desejarem matar a descendência. Mantém junto de si sua filha, a única que lhe resta. Quando Agamêmnon retorna, a cidade está em ordem.

Como esse Agamêmnon vitorioso é vil e vaidoso na peça de Ésquilo! "Quero receber honras como homem, não como deus" (*Agamêmnon*, 925), declara ele à esposa, começando por criticá-la por haver preparado bem demais seu retorno – um modo desonesto de consolidar mesquinhamente sua autoridade.

Como é vil e pusilânime e também como é odioso esse Agamêmnon que retorna com uma amante, Cassandra, e entrega-a à esposa para que cuide dela! Na peça de Ésquilo, Clitemnestra não sente ciúmes, até mesmo fica aliviada ao pensar que ela lhe poupará uma parte do dever conjugal; quando muito, sente desprezo por uma mulher bárbara e escrava. Portanto, de um lado está um rei assassino, infanticida, sujo do sangue de todos os mortos e de todos os vãos massacres da guerra, humilhando sua mulher já ao retornar; e, do outro lado, a rainha que manteve em segurança não só a cidade mas também seus filhos. Clitemnestra mata um rei sanguinário, desertor de seu reino, culpado do pior crime já na Antiguidade: matar alguém do mesmo sangue, sua filha Ifigênia. Uma regicida contra um infanticida, quem é mais culpável? Não poderia Clitemnestra pelo menos beneficiar-se de circunstâncias atenuantes? Ainda mais porque após a morte do rei ela lhe presta as honras e as libações devidas a seu título e necessárias para a passagem para o outro mundo.

Entretanto, ninguém a perdoa, nem mesmo os seus, nem Orestes que ela protegeu nem Eletra com quem se abriu: Clitemnestra é assassinada por Orestes, aconselhado pela irmã. Privada de funerais, a sombra da rainha morta vaga sem remissão entre os danados dos Infernos, os párias que não tiveram sepultura.

Clitemnestra encarna, a contragosto, a figura da mãe culpada por excelência. Desde a Antiguidade arcaica, todos, homens e mulheres, se empanturram de clichês a seu respeito – a começar por ela, que antes de se deixar matar pelo próprio filho previne-o contra o ardente remorso das Erínias, a fim de protegê-lo uma última vez.

Há situações, e geralmente não são as mais alegres, em que nos revelamos a nós mesmos. Assim, lemos nos manuais de História ou nas biografias que certo indivíduo durante a guerra se tornou um herói da Resistência, sendo que levava uma vida totalmente comum; ou que outro, apesar de militante altruísta cheio de ideais, mostrou--se um perfeito crápula. Nossa história pessoal também guarda surpresas como essas: bem o sabem todos os que fugiram no dia de um casamento, que entretanto consideravam o mais belo dia de suas vidas; ou que, pacifistas ardorosos, serão os primeiros a comprar um fuzil se sua vida ou a de seus entes queridos estiver ameaçada.

Solitária e dolorosamente, Clitemnestra sofre sua condição de mãe. Suas derradeiras palavras são para ofender-se por ter gerado e alimentado no seio uma serpente. Não se trata de arrependimento ou tristeza e sim de uma raiva surda ante uma parte de si mesma que lhe escapa. Embora a aceite, é a primeira a expressar sua revolta e a denunciar a injustiça que lhe é feita: quem, se não ela, para vingar o assassinato sangrento de sua primeira filha, Ifigênia? Quem, se não ela, para zelar pela cidade enquanto Agamêmnon guerreava? Quem, se não ela, possibilitou que Orestes sobrevivesse? Infelizmente, nem a revolta nem a justiça se conquistam sozinhas. As palavras de Clitemnestra afundam na escuridão, vãs, no grito de apelo à filha que não o escuta, tão bem bradado por María Casares sozinha em cena no anoitecer de um dia de verão.

Pela boca de Clitemnestra, a Antiguidade nos grita a injustiça feita às mulheres. Que um homem mate para desposar à força uma mulher – para raptar sua nova rainha, Agamêmnon assassinou o primeiro marido de Clitemnestra e o filho de ambos –, mate a filha e abandone a família para ir matar mais e mais longe, que um homem coberto de sangue de vítimas inúteis retorne com uma cativa de guerra como amante não é um problema: o inaceitável é aceito. Em contrapartida, uma mulher nem pense em tentar! Uma mulher não tem o direito de se comportar tão mal quanto um homem: essa é a cruel lição que Clitemnestra nos dá.

Existe em grego antigo uma expressão específica indicando que duas realidades não podem coexistir. É exatamente o que acontece aqui: uma mulher casar-se e matar o esposo é inadmissível, um escândalo do pensamento. Em outras versões, como em Homero, quem mata Agamêmnon não é Clitemnestra e sim Egisto. Também nesse caso, sem chegar à justificação, a Egisto são concedidas razões – a "ordem das coisas" – como circunstância atenuante: trata-se de uma rivalidade, de uma luta pelo poder; é triste, mas acontece. Mas uma mulher ter a ideia de subir ao trono, tomar um amante e matar o marido, não com veneno ou com ajuda de outrem, mas com um machado ou uma espada, ou seja, com arma e alma de guerreiro, isso nunca!

Há outro crime, mais sub-reptício, mais oculto, mais terrível, que Clitemnestra ousa cometer. Colocar o amor materno acima do amor pelo marido, pai da criança, é o ultraje supremo. Seu ato não é um crime passional, como aventaram alguns autores, inclusive Sêneca, talvez para desculpar a rainha: não é num ataque de apoplexia nem por ciúme de Cassandra, amor a Egisto ou amor desiludido a Agamêmnon que Clitemnestra mata, e sim para fazer justiça a sua filha primogênita, Ifigênia, num estratagema premeditado. Sua segunda filha, Eletra, compreendeu bem isso e critica-a na peça de Eurípides: "As mulheres amam o marido e não os filhos" (*Eletra*, 265), mesmo que, aliando brutalidade e vaidade, Agamêmnon tenha tudo para ser odioso, ainda mesmo que o rei tenha cometido um crime imperdoável, o crime de sangue. Mesmo na real e cruel Antiguidade, embora o pai tivesse o direito de exposição – ou seja, o direito de matar por abandono o filho recém-nascido –, esse direito só se aplicava a crianças de tenra idade; e, no mito, Ifigênia é sacrificada no dia de seu casamento.

Algumas raras vozes se ergueram para fazer justiça a Clitemnestra. A primeira é a pitonisa na extraordinária peça de Ésquilo, *As Eumênides*. A sacerdotisa de Apolo invoca Têmis, a justiça personificada, Gaia, a Terra, mãe de todos os deuses, e Ártemis, a deusa em nome da qual Ifigênia foi sacrificada. A pitonisa lhes implora que terminem o processo para que as Erínias, as deusas da vingança, se tornem Eumênides, as benfazejas, divindades da consciência tranquila. Estas também tomam o partido de Clitemnestra: o crime da rainha não é um crime de sangue, ao contrário do crime de Agamêmnon, que sacrificou a filha, mas também do crime de Orestes, que assassinou a mãe. São eles os culpados.

Entre essas vozes, Atena, suprema figura feminina nas *Eumênides*, proporciona apaziguamento e justiça, finalmente. Na colina de Ares, outrora ocupada pelas amazonas, Atena pede que seja instaurado um tribunal, o primeiro. Da iniquidade sofrida por Clitemnestra nasceu a justiça para todos os outros, o direito de expor sua causa e de ser ouvido, defendido, perante um tribunal em que todos os votos se equivalem, em que a vingança, as maldições, os interesses pessoais não contam; em suma, o direito de ser julgado. Atena não teve uma mãe que a pusesse no mundo e especifica bem que é "sem reservas a favor do pai". Entretanto, é ela que possibilita a equidade, deixando Clitemnestra, como todo acusado, defender livremente sua causa e dar sua versão dos fatos.

Entre essas vozes, do outro lado dos séculos, está Marguerite Yourcenar, em *Feux* [*Fogos*]. Numa argumentação revoltada, Clitemnestra, denunciada pelo filho, exclama perante seus juízes: "Não há uma única de vossas mulheres que em alguma noite de sua vida não tenha sonhado ser Clitemnestra"; e prossegue, a respeito de Agamêmnon:

> Eu queria obrigá-lo a me olhar de frente pelo menos ao morrer: matei-o apenas para isso, para forçá-lo a perceber que eu não era uma coisa sem importância que se pode largar de lado ou ceder para qualquer um.

Entre essas vozes, por fim, ao lado dos Fogos flamejantes de Marguerite Yourcenar, brilha a chama negra de María Casares.

HÉCUBA, RAINHA DO INFORTÚNIO

Rainha de Troia
Esposa de Príamo
Mãe de Héctor, Páris, Cassandra, Polidoro, Polixena
e de quarenta e cinco outros

Hécuba tem o triste privilégio de ser a campeã da infelicidade. A anciã "sobrepuja homens e mulheres em matéria de infortúnio", resume sua serva no início da peça de Eurípides sobre Hécuba, "e ninguém lhe disputará esse troféu".

Antes de ser a rainha da infelicidade, ela era rainha de Troia. Como os poetas nada dizem a respeito disso, não é inacreditável que a vida com Príamo, seu esposo, tenha sido feliz. Em todo caso, a descendência de ambos foi muito numerosa: Héctor, Páris, Cassandra são seus filhos mais famosos, mas houve também Creusa, Laodiceia, Polixena, Deífobo, Hélenos, Pamon, Polites, Antifos, Hiponoos e Polidoro. Seus filhos sucumbem no "campo de honra" na planície de Troia, degolados, mutilados, irreconhecíveis, antes de serem "envolvidos pela sombra da morte", aquela que recobre tudo, mesmo o rosto dos vivos, que tomam então o escuro véu do luto. Esse véu não abandona mais Hécuba, que sofre tantas vezes o escândalo absoluto: ver seus filhos morrerem. Suas lágrimas e lamentos nos dizem que também na Antiguidade a perda de um filho era considerada uma injustiça por excelência. Um único filho sobrevive: Polidoro, enviado para a Trácia em segurança na casa de um aliado, com uma parte do famoso ouro de Troia.

A guerra está perdida, Troia arde em fogo. Hécuba já o pressentia, pois vira em sonho sua cidade incendiada por um tição parido por ela. Está vendo seu pior pesadelo realizar-se: Troia morre nas chamas. A soberana, suas filhas e noras são repartidas entre os vencedores: Cassandra cai nas mãos do rei Agamêmnon, Andrômaca se torna o "troféu" de Neoptólemo e Hécuba, o de Ulisses. Rainhas e princesas passam a ser escravas, destinadas a "fazer pão, varrer, fiar", a ser vendidas ou violentadas, dependendo da boa vontade do senhor, como destaca Eurípides (361 ss.): guerra é guerra.

Mas a história de Hécuba não se se extingue com as cinzas de Troia. Os heróis aqueus precisam voltar para casa e, como na partida para a guerra, o vento não sopra, o céu está silencioso e os oráculos pedem um sacrifício. O círculo se fecha, digamos assim, exceto que, como muitas vezes na mitologia, um detalhe, e não dos menores, mudou. Ao passo que a vítima Ifigênia fora salva do punhal de Agamêmnon por uma intervenção divina, a pequena Polixena tomba degolada no altar. Se não for um suicídio, é uma morte voluntária. Ouçamos as palavras que Eurípides colocou na boca da jovenzinha:

> Argivos, devastastes minha cidade: morro de bom grado. Ninguém toque em meu corpo! Estenderei valorosamente a garganta. Livre! Pelos deuses, que eu morra livre sob vossos golpes, pois no mundo dos mortos ser chamada de escrava seria vergonhoso demais para mim, uma princesa. (546-52)

Inutilmente Hécuba suplica a Ulisses para morrer com Polixena; ele recusa. O único consolo que lhe resta é continuar viva para prestar as derradeiras honras aos restos mortais da filha e desejar que seu filho Polidoro, o último priâmida, evite desgraças.

Entretanto, Polidoro está ali para presenciar as desgraças da mãe, mas não pode falar-lhe nem a consolar: trucidado no momento em que seu anfitrião, Polimestor, soube da derrrota dos troianos, Polidoro agora é apenas uma sombra flutuante, vagando invisível ao lado da rainha destronada. Seu pequeno fantasma veio ter com a mãe; seu corpo, lançado ao mar, vogou até a praia para segui-lo. Hécuba não tarda a saber que está sozinha no mundo, sem filhos, sem esposo, sem cidade. Sua ruína está completa, já não há sequer um grão de esperança no horizonte... até que o assassino de seu filho se apresenta para ser armado cavaleiro, traiçoeiramente, como recém-aliado dos vencedores. Ao longo dos séculos Hécuba nos lembra que nos tormentos estamos sozinhos, pois nada é tão repulsivo quanto o infortúnio.

Ela nos ensina também que diante da injustiça temos escolha entre suportar ou agir. De fato, Hécuba usa de um estratagema para atrair o rei Polimestor e seus filhos à tenda das cativas; depois de adularem o rei e admirarem-lhe os filhos, as novas escravas os imobilizam "com seus braços de polvo" e, com as lançadeiras e os grampos de seu ofício, furam os olhos do soberano traidor, depois de matarem-lhe os filhos. Hécuba, com suas velhas mãos descarnadas, tritura as órbitas das vítimas, impondo-lhes o máximo de sofrimentos inúteis, sempre inferiores aos que ela mesma suportou. Pérfida crueldade da sorte, Hécuba, a sábia rainha de uma das cidades mais civilizadas, cai prontamente na bestialidade.

O destino se volta novamente para infligir a Hécuba seu último infortúnio. Depois de perder tudo, ainda lhe falta perder sua forma humana: a venerável Hécuba é transformada em cadela. Cúmulo do patético, conta-se, principalmente em Ovídio, que então seus lamentos incompreensíveis comoveram os deuses e os homens. Os homens construíram-lhe num promontório de Quersoneso uma estela, o *Kynos Sema* ("túmulo do cão", em grego), e os deuses não a puniram mais. Nenhum herói – nem Eneias, nem Jasão, nem Aquiles, nem Ájax – sofreu o que sofreu Hécuba, que de rainha passou a escrava e depois a animal, e não um animal qualquer, mas um cachorro, considerado ignóbil, ou seja, não nobre. Mesmo no infortúnio, as mulheres da mitologia dominam. Em matéria de força de alma – que nos comprazemos em chamar de "resiliência", sempre prontos a diminuir uma virtude considerada feminina –, nenhum príncipe, nenhum rei, nenhum herói está à altura de Hécuba.

AFRODITE NO TOPO

Deusa do Amor e da Beleza
Mãe de Harmonia e Eros
Mulher de Ares e companheira de muitos
Atributos: a rosa, o cisne

Não é por acaso que o astro mais brilhante da abóboda celeste, aquele que à noite é avistado de todo lugar, guiando os marinheiros e fazendo os amantes sonharem desde a noite dos tempos, chama-se Vênus, em homenagem à deusa do Amor. Vênus, noturna, gera também cada dia nosso, quando a faixa rósea e transbordante de luz de seu cinto adorna o horizonte. Vênus é evidente, assim como a deusa que lhe deu seu nome é uma evidência. Ela se oferece aos olhares sempre desnuda e reconhecida, vista por todos. Vênus não conhece a invisibilidade feminina, pois os gregos e os romanos compreenderam bem que o amor faz o planeta girar: sua mitologia nos mostra o triunfo e a supremacia da deusa de palavras de mel. Todos e todas, mortais e imortais, se curvam diante de seu poder, esperando um pouquinho, uma centelha de seu sorriso ou, ao contrário, evitando seu olhar, com medo de nele se perder e sucumbir ao encantamento.

Mais poderosa do que o próprio Zeus, ela é também mais antiga do que os outros deuses, segundo o poeta Hesíodo. Seu nome conta sua história: Afrodite nasce da espuma (*aphrós*), do esperma de Urano, após uma longa impregnação com o mar. Nas idades obscuras e longínquas, num mundo silencioso, vazio de futuros deuses, homens e animais, Afrodite, concretização do desejo masculino, emerge da água e espalha o amor a cada passo, aumenta seu reino e belamente logo conquista novos territórios.

Homero, por sua vez, narra o triunfo de Afrodite sobre Ares, o deus da guerra, e seus amores secretos até os amantes imortais serem descobertos. Mediante algumas palavras e pestanejos, o deus mais feroz, o que é chamado de "furioso", "assaltante de muralhas", "bebedor de sangue", "portador de restos mortais", "flagelo dos homens" se deixa converter à máxima "Faça amor, não faça guerra". Zeus não ousa recusar coisa alguma a Afrodite. Ao contrário, teme-a, porque é ela que, para se divertir, zombar dele ou lembrar-lhe carinhosamente que é mais poderosa, regularmente o faz apaixonar-se por mortais. Vendo-a, quem ainda ousaria dizer que as mulheres são menos poderosas e não têm senso de humor? Uma única vez Zeus consegue dominá-la, mas utilizando suas próprias armas, quando faz Afrodite apaixonar-se pelo mortal Anquises. Todo o restante do tempo ela faz o que bem quiser, com quem quiser, e nada nem ninguém lhe resiste. É a "persuasiva", segundo a poetisa Safo. Com que facilidade derrota Hera e Atena quando o troiano Páris precisa escolher entre as três deusas!

Afrodite reina sobre todos os deuses e todos os mortais. Somente Ártemis, Atena e Héstia, as deusas "virgens", têm o direito de não sofrer seu jugo. Por isso é chamada de *pándemos*, "popular", porque tem a ver com todo mundo. Nenhuma divindade, em lugar algum, consegue fazer-lhe sombra, de modo que a única força que poderia dominá-la é ela mesma, ou seja, o amor, que às vezes faz seu coração de neve derreter, para desespero seu.

Dessa lei suprema do Amor os gregos e romanos extraíram toda uma filosofia, colocando o amor na raiz de tudo. A própria palavra "filosofia" é uma emanação do amor, visto que significa "amor à sabedoria". O poeta e filósofo Lucrécio apresenta em versos suntuosos Vênus governando os deuses, os homens, mas também os animais e toda a natureza. "Mãe dos romanos, volúpia dos homens e dos deuses", Vênus é *alma*, meiga e nutriente, um reconforto sensual para a alma, mas também é soberana, estendendo seu império sobre o céu, o dia, a noite, o mar e as searas. Mais ainda, ela encarna e comanda toda vida: "É a ti que deve toda espécie viva ser concebida e, ao sair das trevas, ver a luz do sol". O poder da deusa é imenso: um sorriso e o vento cessa, as nuvens se dissipam, as preocupações também. Um único de seus leves passos e a terra, encantada, produz as flores mais suaves. Animais, homens, deuses, plantas, ventos, tudo vive, ri e se anima graças à deusa do amor. Todos sentem "o coração abalado por teu poder", comenta Lucrécio, abismado, desorientado com a força de Vênus. Principalmente, esse poder é grande porque é universal: nenhum coração é duro o bastante para resistir às blandícias de Vênus, que insufla em todos os seres o desejo. Esse texto, os primeiros versos de *De rerum natura*, geralmente é conhecido como *Invocação a Vênus* e também poderia chamar-se *Declaração de amor*, tão grande é o fervor do filósofo.

Lucrécio, epicurista, próximo do ateísmo, prega que os deuses, se é que existem, habitam longe e não se preocupam com os homens. E entretanto Vênus está aqui, em toda parte, em nós, fora de nós, em cada animal, em cada raminho de relva e logo no início de seu poema. *Venus genitrix*, Vênus genitora, é a própria razão para *Da Natureza das coisas*. Lucrécio nos incita a não acreditar nos deuses ou pelo menos nada esperar ou temer deles, exceto da deusa do amor. Embora menospreze a religião e ensine a nunca receá-la, o filósofo inicia seu poema com um vibrante e temeroso elogio a Vênus. O amor atropela tudo, domina tudo – a começar por Lucrécio, que dizem, teria se suicidado, enlouquecido de amor por causa de uma poção.

Os versos de Lucrécio nos mostram também que Vênus é onipotente e, portanto, perigosa e temível. "Vênus destila em nosso coração as primeiras gotas de sua doçura, à qual sucede a preocupação glacial". Esta reside na posse: quanto mais desejamos possuir o outro, menos o possuímos. A deusa do Amor é formal: para não sofrer com o amor, é preciso conservar a liberdade – a sua e a do outro. Do contrário, a sentença é a prisão, começando pela prisão das fantasias, que Lucrécio denomina "simulacros", quando encerramos o outro em nossos próprios desejos, mesmo com risco de privá-lo de sua identidade e fazê-lo temer não ser amado pelo que realmente é.

> Semelhante ao homem que, num sonho, quer estancar a sede e não encontra água para extinguir o ardor que o consome, ele se lança para simulacros de nascentes, esgota-se em esforços vãos e continua sedento no meio da torrente da qual tenta beber: assim os apaixonados são, no amor, joguetes dos simulacros de Vênus.

As palavras são duras, mas ao mesmo tempo são justas e amorosas para qualificar os tormentos de Vênus.

Mais poderosa e mais antiga do que todos os deuses, ela não suporta ser ignorada. As habitantes de Lemnos, por exemplo, pagam por isso. Para puni-las de negligenciá-la, Afrodite priva-as do desejo dos maridos, que a elas preferem cativas trácias. As lemnianas humilhadas os massacram, massacram as escravas trácias e depois, todos os homens da ilha. Em outra versão, Afrodite prefere castigar afligindo as lemnianas com um odor tão repulsivo que nunca mais homem algum ou mulher alguma desejará aproximar-se delas. Hipólito, filho de Teseu, prefere Ártemis a Afrodite. Esta "destila as primeiras gotas de sua doçura" no coração de Fedra, que, enlouquecida de amor pelo genro, suicida-se depois de acusá-lo de estupro. Hipólito é banido, destronado, metaforicamente arrastado na lama, e vai acabar semimorto numa praia perto de Atenas, desfigurado, desonrado, desmembrado, arrastado por seu cavalo, que o deus Posídon enfureceu.

Quando a rainha de Chipre ousa comparar a beleza de sua filha Mirra com a de Afrodite, a deusa se vinga do insulto provocando amor no coração da jovem, e não um amor qualquer: um amor incestuoso e não correspondido pelo próprio pai. Afrodite é autora de obras à sua imagem, perfeitas, brincalhonas e fascinantes, para o bem e para o mal. A vingança é de uma crueldade impecável: instigada por sua ama, Mirra vai, de noite, enfiar-se no leito do pai, depois de embebedá-lo. Quando percebe isso, ele empunha uma espada para matar a filha. Afrodite, compadecendo-se, transforma-a numa mirra, no momento exato em que o pai golpeia a filha com a arma. Ao mesmo tempo que o aroma embriagante da mirra, nasce da árvore um bebê que Afrodite se apressa a salvar do furor e da loucura conjunta dos pais de Mirra, para os quais o restante da vida será pouco para se odiarem mutuamente e se maldizerem, enquanto Afrodite confia a Perséfone a guarda do bebê. Nas mãos da deusa que adora afagos e nas da eternamente jovem deusa dos Infernos, a criança, Adônis, se torna de uma beleza sensual e embriagadora como a mirra de que se originou. Como as duas deusas queriam desfrutar do jovem, Zeus, que tem medo de decidir, pede à musa Calíope que decida em seu lugar. Ela propõe que o rapaz passe um terço do ano com Afrodite, um terço com Perséfone e um terço – o período de liberdade – com a pessoa que escolher. Adônis não tarda a preferir livremente passar a maior parte do ano com Afrodite, tanto que os deuses se ofendem com a injustiça. Um javali furioso é enviado e mata o belo rapaz. Afrodite, a deusa "que ama sorrisos", chora pela primeira vez. Enlaça-se a Adônis pela última vez e das gotas de sangue e lágrimas que se confundem nasce a rainha das flores, a rosa, dedicada a Afrodite.

Onipotente (alguns diriam "tirânica"), Afrodite, quando lhe apraz, se faz benevolente. Por exemplo, oferece ao velho Faonte uma nova juventude, porque ele a ajudou a atravessar um rio. Zela pelas heteras, mulheres peritas em amor e que dele fazem comércio, as únicas na Grécia antiga a terem o direito de administrar seu dinheiro. A fim de auxiliar Hera, que deseja atrair Zeus para seus braços para que ele não possa ocupar-se da guerra de Troia, empresta-lhe seu cinto de amor. Também quando lhe apraz e a despeito de seu marido Hefesto, toma amantes, que só raramente ama, pois, conhecedora do assunto, nos ensina que mais vale não nos apaixonarmos com muita frequência. Os únicos que dela recebem um amor fiel e duradouro são seus filhos.

Em quê ela é feminista? Estamos tão programados, e tolamente, para ver no feminismo uma forma de despeito por ausência ou recusa de provocar desejo que penamos para fazer feminismo e feminidade coincidirem, sendo que Vênus nos mostra o triunfo de ambos. Com ela não há segundo lugar: Vênus está entronada no primeiro, vista e reconhecida em toda parte, dominante, triunfante, livre. Forjamos o mito da bonita burra e continuamos sofrendo por isso. Admiremos o mito de Vênus – Vênus feminista, evidentemente.

CONCLUSÃO

A odisseia das mulheres

Quando Ulisses finalmente retorna a seu palácio, as mulheres correm abraçá-lo, festejam-no e seguram-lhe as mãos, cobrindo-o de beijos da cabeça aos ombros. E ele chora, pois "seu coração reconhecia todas elas" (XII, 492ss.).

Ulisses é um homem mulherengo, no sentido que essa expressão deveria ter sempre: ama as mulheres e, portanto, as respeita, desde a humilde Euricleia, sua velha ama, até a poderosíssima Atena, totalmente convicto de que sem elas seria nada ou, mais exatamente, Ninguém. Em grego, o jogo de palavras é perfeitamente compreensível: sem *mêtis*, Ulisses é *oútis*, ninguém.

Não há heroísmo sem mulher e não há feminismo sem homem: essa é uma das muitas lições da *Odisseia*, uma lição de feminismo e humanidade, a tal ponto que o ensaísta e escritor Samuel Butler pretendeu demonstrar que a *Odisseia* só podia ser obra de uma mulher[27].

---

27. *The Authoress of the Odyssey*, publicado em 1897, traduzido em francês... em 2009!

"Conta-me, Musa, do homem engenhoso, do peregrino que tanto sofreu, que viu e conheceu tantos homens e cidades": a *Odisseia* começa pela vontade de uma deusa e termina graças à diplomacia de outra: "Põe fim [a essa guerra], filho de Laerte, descendente dos deuses, Ulisses engenhoso!", pede Atena a Ulisses, que concorda: "À voz de Atena, Ulisses, com júbilo no coração, obedece: entre os dois partidos é selada a paz". A invocação inicial é para a musa, a palavra final é de "Atena, filha de Zeus, que porta a égide" (*Odisseia*, XXIV, 548). Aos combates sanguinários e aos heróis ferozes da *Ilíada*, que começa com a cólera e termina com a morte, a *Odisseia* contrapõe a inteligência e o entendimento; à guerra violenta de Ares sucede a guerra vitoriosa de Atena, ou seja, a paz.

Nessa epopeia rumo à civilização, a presença das mulheres é essencial. Sejam elas imortais, mortais, monstruosas e aterrorizantes como Sila ou as sereias, feiticeira divina como Circe, enfermiça e benevolente como Euricleia, que é a primeira a reconhecer Ulisses quando retorna a Ítaca, são as mulheres que fazem e desfazem o destino do herói. Agir, orientar, aconselhar, transmitir força e perseverança, fazer a história avançar, possibilitar o futuro, em suma, é o papel das heroínas e das divindades da *Odisseia*. No olho da tempestade, Ulisses está arrimado a sua jangada no mar encapelado, mar de aço, cinzento e ameaçador, mar que ele enfrenta numa guerra injusta cujo desfecho já está dado: sozinho contra as ondas sem fim, ele só pode perder. Com a boca cheia de água e os olhos inundados de vento e lágrimas, Ulisses está prestes a desistir de tudo, a deixar-se afundar com sua história e seu renome. Do fundo das águas, Leucótoe vem reconfortar o náufrago e lhe cede sua vela. Para que pode servir uma vela quando se trata de enfrentar ventos e mares? Simplesmente para sobreviver, mantendo a esperança, esperança de nadar para chegar a uma praia, uma praia que talvez seja aquela onde Penélope o aguarda.

O mesmo acontece na maioria das epopeias. Perdidos e desorientados, "consumindo-se em desespero", os argonautas estão a ponto de se entregarem à morte num deserto que não conhecem, "sem deixar nome nem rastro na memória dos homens da Terra, esses heróis bravos entre todos, sem terem cumprido seu propósito". Do solo árido e desolado da Líbia, irrompem as heroínas, as divindades do deserto, que lhes reavivam a coragem: "Vamos, de pé! Para de gemer tanto sobre teus infortúnios e faze teus companheiros se levantarem!" (*Argonáuticas*, IV, 1308 ss.). Os argonautas levantam-se e carregam às costas seu navio, cuja proa mágica e oracular é um presente de Atena, durante dias, até o mar.

As altivas mulheres das epopeias não são mulheres da sombra, cuja única esperança de realizar o que ambicionam se resume no sucesso de seus homens: elas não só agem como conduzem a dança e têm sua própria carreira. Indispensáveis para o desenrolar da história, são "mulheres de campo", sujeitos da ação e não unicamente objetos de temor ou desejo. Quando se trata de lutar com o dragão que vigia o velino, é Medeia em pessoa que enfrenta a fera. A jovem – pois nessa parte de suas aventuras Medeia mal saiu da infância – conquista a vitória sobre o monstro enorme, de "mandíbulas mortais", que ela fascina com um olhar, tornando-o tão inofensivo quanto um animal doméstico. Sem esse combate, sem os filtros que ela inventa, sem os assassinatos que comete, Jasão não iria longe.

Mais do que qualquer outro personagem, Ulisses representa na Antiguidade um ideal de humanidade. Ao lado dos heróis belicosos da *Ilíada* e das múltiplas criaturas selvagens e abomináveis que encontra, Ulisses simboliza a vitória sobre a selvageria, quer seja exercida pelo ser humano ou inerente à natureza. Essa humanidade é feita de comedimento, inteligência e do máximo respeito pelas mulheres. Ao lado de Atena imensa há todas as outras, Circe, Nausícaa, Calipso e, por fim, Penélope. Ulisses, o "homem ideal", sem desmedida, sem *hýbris*, é amigo das mulheres, que trata como iguais a ele, com franqueza, e não tem problema algum em reconhecer-lhes superioridade, em suplicar a Atena, Circe ou à princesa Nausícaa, diante da qual se ajoelha: "Ah, Rainha, tem piedade!", confiando-lhe: "Não há nada melhor nem mais precioso do que a concordância, no lar, de todos os sentimentos entre marido e mulher: grande despeito dos invejosos, grande alegria dos amigos, felicidade perfeita do casal!" (VI, 180ss.). Esse é o ideal do homem ideal da *Odisseia*.

Eruditos e letrados da Antiguidade pretendiam que em Homero estava tudo. Em todo caso, há nele uma bela lição de feminismo e humanidade – a melhor lição, a que é dada pelo exemplo e transmitida pela beleza assombrosa das palavras. A mitologia abundante, quer tenha sido veiculada na poesia, no teatro, nas artes, na Grécia ou em Roma, também soube favorecer o gênio feminino, mostrando sua densidade, seu poder e sua diversidade. Seria preciso muito mais do que um único livro para enumerar todas elas: Cassandra, Dido, a Esfinge, Europa, todas essas orgulhosas mulheres da mitologia que são precisamente o orgulho da condição feminina.

Os romanos substituíram a primeira tríade capitolina, feita exclusivamente de divindades masculinas, por uma nova, majoritariamente feminina: para proteger a cidade, Marte, o deus da guerra, e Quirino, o deus com a lança, são substituídos por Juno e Minerva ladeando Júpiter. Os deuses do Panteão, que agrupa as divindades principais, variaram na Antiguidade, porém o Panteão sempre precisava ser composto de seis deusas e seis deuses: no topo do Olimpo, as decisões sempre são tomadas igualitariamente. Nós também possuímos um panteão e, grandes apreciadores de palavras, temos uma para expressar a igualdade nas instâncias de poder: paridade. Mas, na prática, nosso Panteão abriga atualmente oitenta homens e seis mulheres; quanto à paridade, não só ela não existe em lugar algum como é criticada em toda parte.

Os avanços em todas as áreas são tais que as coisas nunca terão sido melhores antes, e não trocarei minha vida de mulher francesa do século XXI europeu pela vida de uma grega da Antiguidade, nem mesmo para pedir um autógrafo a Safo ou a Sócrates. Entretanto, por mais de longe que a mitologia venha, ela nos convida a avançar, a não nos contentarmos com boas intenções, a nunca cedermos a uma igualdade barateada e sim a agirmos mais, para que num dia próximo nosso Panteão seja tão paritário quanto o dos gregos e romanos!

Conecte-se conosco:

f facebook.com/editoravozes

[Instagram] @editoravozes

[X] @editora_vozes

[YouTube] youtube.com/editoravozes

[WhatsApp] +55 24 2233-9033

www.vozes.com.br

Conheça nossas lojas:

www.livrariavozes.com.br

Belo Horizonte – Brasília – Campinas – Cuiabá – Curitiba
Fortaleza – Juiz de Fora – Petrópolis – Recife – São Paulo

 EDITORA VOZES

 — VOZES — NOBILIS

Vozes de Bolso

 Vozes Acadêmica

EDITORA VOZES LTDA.
Rua Frei Luís, 100 – Centro – Cep 25689-900 – Petrópolis, RJ
Tel.: (24) 2233-9000 – E-mail: vendas@vozes.com.br